わかる

社会人基礎力

人生100年時代を生き抜く力

島田恭子【編著】

誠信書房

まえがき

　信じられないほどのスピードで世の中が動いています。業界によってはたかだか数年後の姿すら予想できませんし，数年前には影も形もなかったモノや情報が，今の主流となっている時代です。学校で習う教科の勉強だけでは絶対に解決できない複雑な課題が，現代にはあふれています。そんな時代に生きる私たちに必要なスキル，それが本書で扱う「社会人基礎力」です。

　私は大学の教養科目となっている社会人基礎力に関する講義を担当しています。履修登録では，例年受講希望者が多く，学生の関心の高さに驚きます。自分たちの未来に危機感と期待を持つ彼らの，講義に対するニーズを集約してみると，以下のようなものでした。

　　「これからの社会のために，自分の将来のために，我々はいろいろな課題の解決に向けて，仲間と共に取り組む必要がある。そのために自分はどんな力を，どうやって身につけたらいいのか。そのヒントを得たい」

　それを受けて，講義では以下の3つを到達目標としました。

社会人基礎力講義での到達目標

① 社会人基礎力12の力を説明でき，関連する理論モデルや学術的背景を知る。

② 現在の自分の力と理想の姿を見える化し，理想に近づくために必要な力の具体的な獲得方法について，考えることができる。

③ 12の力の実社会での実践事例を知ることで，自分なりの培い方について検討することができる。

　具体的には，次頁のように実践しました。

(1) まず社会人基礎力について解説し，関連する心理学・社会学・経営学等の理論を学ぶ。

(2) 次に，自分の持つそれぞれの力の現状と理想像について，既存尺度や分析ツールを用いて可視化し，そのギャップを埋めるための具体的方策をディスカッションする。

(3) さらに，実際に社会で活躍されている方々に，社会人基礎力を切り口として，ご自分のキャリアや，生き方・考え方，社会との関わり方やスキルのつけ方などをご講義いただき，実践への示唆を得る。

　これらの講義で得られたエッセンスを凝縮して1冊にまとめたのが本書です。1回90分，通年で30回の内容から，特に大切な考え方や概念，押さえるべきポイントを厳選し，12の要素を章ごとにまとめました。招聘講師の講演についても，特に学生から好評だった内容について，「先輩からのエール」として要素別に紹介しています。

　また本書では，皆さんと一緒に社会人基礎力を学ぶ「基礎まなぶ君」が登場します。まなぶ君は大学3年生からの7年間，さまざまな出来事を通して考え，行動し，時には失敗から学び，喜び，悩みながら，少しずつ成長していきます。そんなまなぶ君を応援し，導いてくれるのは，渋谷先輩と新宿先輩です。彼らと一緒に12の力を1つずつ学んでいきたい方は，ぜひ第1章から順に読み進めてください。一方，まずは特定の力について学びたい方，特に強化したい力のある方は，その力の章から始めて，その後，順に読み進めていただくのがよいでしょう。

　まなぶ君の体験は大学生から社会人数年目のものですが，各章の内容は，どの立場・年齢層の方にも気づきが得られるよう工夫しています。高校・大学での講義テキストとして，会社での若手社員向けキャリア支援として，大学生や社会人のセルフ・ラーニングツールとして，お使いいただくことが可能です。これから進路や今後の生き方を考えたい高校生，キャリアについて学びたい大学生，就職活動に向けて自分を見つめたい就活生，さらなる社会人力を身につけたい社会人，部下を育てたい立場の方々。それぞれの視点で，有効活用していただければと思います。

　先日，堀江貴文さんのお話を聴く機会がありました。「たとえ周りの全員が無理！と言っても，負けない，めげない，折れない気持ち。スピード勝負の瞬発力。そして人とコミュニケーションできる人間力。学校の勉強なんかできなくたって，

まえがき ●●●● *v*

これらさえあればやりたいことを成し得ることができると思う」。堀江さんはご自分の「多動力」を駆使しながら，物事を見極め，周りを巻き込んでアクションすることで，多方面で新しいものを次々と生み出しつつ，ご自分の人生も存分に楽しまれています。そんな堀江さんに共感しながら，「これからの生き抜く力は，社会人基礎力に包含されているな」と再認識しました。

　いくつもの地球規模の課題と，無限大の可能性が広がるこの時代において，大海原に漕ぎ出す主役は，皆さんです。これから航海を始める方，漕ぎ出した航路が不安な方，暗礁に乗り上げてしまい困っている方……。そんな皆さんにとって，自分らしい価値ある人生を，よりアクティブに生きるために，必ずや社会人基礎力は役に立つと思います。どうぞ勇気と知恵と希望を持って，仲間と助け合いながら，粘り強く進んでいってください。この本がそんな時の，ヒントや助けになることを，願ってやみません。

　2019年9月

編者　島田恭子

目　次

まえがき　iii

第1章　社会人基礎力とは　1
  1　社会人基礎力とは何か　1
  2　社会人基礎力の3つの能力と12の能力要素　3
  3　「人生100年時代」の新しい社会人基礎力　5
  4　基礎 まなぶ君と学ぶ，社会人基礎力　7

第2章　「規律性」の巻
　　　　──社会のルールや人との約束を守る力　10
  ポイント1　　　規律性のある人とは，周りに迷惑をかけない
　　　　　　　　　行動を取れる人　11
  ポイント2　　　規律性とは「社会のルール」と「人との約束」を
　　　　　　　　　守ること　14
  ポイント3　　　明文化されていない一般常識やマナーも
　　　　　　　　　含まれる　15
  本章のまとめ　「規律性」を学んだ皆さんへ　19
　　　　　COLUMN　「ハロー効果」と「ピグマリオン効果」　**17**
　　　　　先輩からのエール──廣島瑞穂さん　**20**

第3章　「課題発見力」の巻
　　　　──現状を分析し目的や課題を明らかにする力　23
  ポイント1　　　課題発見の流れを押さえよう　24
  ポイント2　　　目標と目的，その違い　25
  ポイント3　　　「理想」と「現実」からの課題発見　26
  本章のまとめ　「課題発見力」を学んだ皆さんへ　32
　　　　　COLUMN　ロジックツリー──問題を分解する方法　**30**
　　　　　先輩からのエール──福留大士さん　**33**

目　次　●●●● *vii*

第4章　「情況把握力」の巻
　　──自分と周囲の人々や物事との関係性を理解する力 ················ **36**
　　ポイント**1**　　何でも学ぶぞ！ の姿勢が大事 ······················· 38
　　ポイント**2**　　周囲の情況を把握し，自分に何ができるか考える··· 40
　　本章のまとめ　「情況把握力」を学んだ皆さんへ ····················· 44
　　　　COLUMN　メタ認知 　　　　　　　　　　　　　　**42**
　　　　先輩からのエール──古市盛久さん 　　　　　　　　**45**

第5章　「計画力」の巻
　　──課題の解決に向けたプロセスを明らかにし準備する力 ········ **48**
　　ポイント**1**　　決定すべき要素を明確にする ······················· 49
　　ポイント**2**　　全体像を可視化し把握する ························· 53
　　ポイント**3**　　計画力はミッションを達成するための段取り力··· 56
　　本章のまとめ　「計画力」を学んだ皆さんへ ························· 59
　　　　COLUMN　クリティカルパス 　　　　　　　　　　**54**
　　　　先輩からのエール──嶺田有希さん 　　　　　　　　**60**

第6章　「ストレスコントロール力」の巻
　　──ストレスの発生源に対応する力 ···························· **64**
　　ポイント**1**　　ストレスコントロール力（ストレスコーピング）
　　　　　　　　　はスキルであり，学べる ··························· 65
　　ポイント**2**　　ストレスコーピングの第1歩──
　　　　　　　　　ストレス源（ストレッサー）をはっきりさせる····· 69
　　ポイント**3**　　多くのアイデアを出して，取り組み
　　　　　　　　　やすいものから始めよう ··························· 70
　　本章のまとめ　「ストレスコントロール力」を学んだ皆さんへ ··· 76
　　　　COLUMN　ストレスコーピングとしてのリラクセーション　73
　　　　先輩からのエール──嶺田有希さん 　　　　　　　　**77**

第7章 「創造力」の巻

──新しい価値を生み出す力 ··· **81**

ポイント1　創造力は生まれ持った才能なのか？ ········· 82

ポイント2　Steal like an artist!（芸術家のように盗め！）······ 83

ポイント3　自分色をつける ··· 89

本章のまとめ　「創造力」を学んだ皆さんへ ··············· 91

　　COLUMN　モチベーション **85**

　　先輩からのエール──山田雄介さん **92**

第8章 「発信力」の巻

──自分の意見をわかりやすく伝える力 ················· **95**

ポイント1　「誰に」「何を」発信するか，はっきりさせる ········· 96

ポイント2　コミュニケーションの4つのパターンを知る ········· 97

ポイント3　自分の気持ちや考えを，その場にふさわしい

　　　　　　方法で表現する ··· 100

本章のまとめ　「発信力」を学んだ皆さんへ ··············· 104

　　COLUMN　「アサーティブ」なコミュニケーション **101**

　　先輩からのエール──山田雄介さん **106**

第9章 「傾聴力」の巻

──相手の意見を丁寧に聴く力 ····························· **109**

ポイント1　人はみんな，自分のことをわかってほしい ········· 110

ポイント2　傾聴は人の支えになる ····························· 111

ポイント3　大きくたくさんうなずくことが大切 ··············· 113

本章のまとめ　「傾聴力」を学んだ皆さんへ ··············· 117

　　COLUMN　実践！傾聴力 **114**

　　先輩からのエール──福田晴一さん **118**

目　次　●●●　*ix*

第10章　「実行力」の巻
──目標を設定し確実に行動する力 ────────── **122**
ポイント1　　実行には具体化が大事！ ──────────── 123
ポイント2　　どうしたらやり抜けるのか？ ─────────── 124
ポイント3　　周りにある資源を見つけ出そう ─────── 128
ポイント4　　周りの助けを得るためには謙虚さを忘れずに ── 129
本章のまとめ　「実行力」を学んだ皆さんへ ──────── 130
　　COLUMN　GRIT（やり抜く力）　　　　　　　**126**
　　先輩からのエール──古市盛久さん　　　　　　**131**

第11章　「柔軟性」の巻
──意見の違いや立場の違いを理解する力 ──────── **134**
ポイント1　　ダイバーシティ──「個人の強みを持ち寄り，
　　　　　　　チームとしての問題解決能力を高める」戦略 ─── 135
ポイント2　　属性に基づく「レッテル貼り」に注意！ ──────── 138
ポイント3　　認知の柔軟性は，個々人の違いを認めるところ
　　　　　　　から得られる ───────────────── 140
本章のまとめ　「柔軟性」を学んだ皆さんへ ──────── 144
　　COLUMN　性のダイバーシティ　　　　　　**141**
　　先輩からのエール──廣島瑞穂さん　　　　　　**145**

第12章　「働きかけ力」の巻
──他人に働きかけ，巻き込む力 ──────────── **148**
ポイント1　　リーダーシップ＝カリスマ性？ ─────────── 150
ポイント2　　メンバー同士が協力し合う気持ちになる ────── 154
本章のまとめ　「働きかけ力」を学んだ皆さんへ ─────── 156
　　COLUMN　ワーク・エンゲイジメント　　　　**152**
　　先輩からのエール──福田晴一さん　　　　　　**157**

第13章 「主体性」の巻
——物事に進んで取り組む力 ··· 161
ポイント1　　誰だって，自分にとって本音で大切なことには

主体的 ··· 162

ポイント2　　あなたにとって本音で何が大切かを知ろう ········· 165

ポイント3　　私たちは自分の高い価値観において主体的 ········· 170

本章のまとめ　「主体性」を学んだ皆さんへ ·························· 173

COLUMN　価値観を通して自己肯定感を上げるには　172

先輩からのエール——福留大士さん　174

第14章 「社会人基礎力」確認ワークの巻
——12の能力要素をセルフチェックしてみよう！ ··············· 177
ステップ1　　自分自身を見つめる ····································· 177

ステップ2　　「相手視点」で自分を見つめる ························ 180

ステップ3　　2つの"ものさし"が示す数値のギャップ

を考える ·· 183

アディショナルステップ　　未来の「ありたい自分」を描く ········· 185

本章のまとめ　「社会人基礎力」確認ワークにチャレンジ

した皆さんへ ·· 186

あとがき　189

第1章　社会人基礎力とは

社会人基礎力とは何か

(1) 社会人の体幹力

　2006年に経済産業省は「職場や地域社会で多様な人々と仕事をしていくために必要な基礎的な力」として，3つの能力，12の能力要素からなる社会人基礎力を提唱しました（図1-1）[*1]。有識者による「社会人基礎力に関する

前に踏み出す力（アクション） 一歩前に踏み出し、失敗しても粘り強く取り組む力	考え抜く力（シンキング） 疑問を持ち、考え抜く力
• 主体性〈第13章〉 　物事に進んで取り組む力 • 働きかけ力〈第12章〉 　他人に働きかけ巻き込む力 • 実行力〈第10章〉 　目的を設定し確実に行動する力	• 課題発見力〈第3章〉 　現状を分析し目的や課題を明らかにする力 • 計画力〈第5章〉 　課題の解決に向けたプロセスを 　明らかにし準備する力 • 創造力〈第7章〉 　新しい価値を生み出す力

チームで働く力 （チームワーク） 多様な人々とともに、 目標に向けて 協力する力	• 発信力〈第8章〉	自分の意見をわかりやすく伝える力
	• 傾聴力〈第9章〉	相手の意見を丁寧に聴く力
	• 柔軟性〈第11章〉	意見の違いや立場の違いを理解する力
	• 状況把握力〈第4章〉	自分と周囲の人々や物事との関係性を理解する力
	• 規律性〈第2章〉	社会のルールや人との約束を守る力
	• ストレスコントロール力 　〈第6章〉	ストレスの発生源に対応する力

*〈　〉の章番号は本書内のものを示している。

図1-1　社会人基礎力の3つの能力・12の能力要素

---

　*1　経済産業省［https://www.meti.go.jp/policy/kisoryoku/］。

研究会」によって整理されたこの概念ですが，イギリスではコアスキル（Core Skills），アメリカではベーシックスキル（Basic Skills）として，諸外国でも同じように社会で働くための基礎力を重要視しています。

皆さんは私たちが持つ「力」に関して，何を連想しますか。「学力」「知力」「体力」「忍耐力」「行動力」など，その方の立場によってさまざまな力を想像するでしょう。連想しやすいスポーツを例にとると，日頃マラソンをする方であれば持久力や忍耐力を想像するかもしれませんし，サッカーやラグビーであれば瞬発力，ボールを操る技術力，チームワーク力を思い浮かべるかもしれません。フィギュアスケートなどは，技術力に加えて芸術的な表現力も必要です。

このように，スポーツと一言でいっても，その種類によって必要な力が違ってきます。しかし，ほぼすべてのスポーツにおいて必要となるのは，持っている力を最大限に発揮するために必要となる体の芯（幹）をしっかりと支える力，すなわち「体幹力」です。本書の著者は社会人基礎力を，**「多くの仕事において共通する，良い成果を出すためにベースとなる体幹力」**といったイメージでとらえています。

（2）大学生のうちにこそ，社会人基礎力

社会人に必要な能力のなかには，個別の専門スキルもあります。たとえば，グローバルに仕事をする人は英語や中国語などの語学力，情報技術分野ではIT技術が必要となるでしょうし，医療職，法律家，パイロット・運転士，土木建築関係では，それぞれの専門分野において固有の技術や能力が必要とされます。自分の将来を真剣に考える人ほど，「専門スキルを大学生のうちに」と考え，語学力やPCスキルを養おうとするものです。しかし，実はこれらのスキルは，実践を通して身につけることが重要視されているようです。

2009年の経済産業省の調査によると，大学生のうちに身につけてほしい能力について，企業と学生の間に意識のギャップがあることが明らかになりました。たとえば，企業側は業界知識やPCスキルよりも，社会人基礎力の要素である「主体性」や，粘り強さ，チームワーク，コミュニケーション力などを学生時代に培ってほしいと思っています。一方学生は，語学力やPC

スキル，ビジネスマナーなどの能力開発が，まだまだ足りないと感じているのです[*2]。

実際，「主体性」「課題発見力」「計画力」「創造力」など社会人基礎力の要素を眺めてみると，一朝一夕に身につける力というよりは，日々意識しながら時間をかけて試行錯誤し，少しずつ身につけ，培っていく力であるように思います。対人関係（友人，家族，恋人）を含む日々の営み，部活，旅行，バイトなど，いわゆる人生経験を**社会人基礎力の要素を意識しながら行う**ことで，それらの力が少しずつ上がっていきます。社会人となり，業務のなかでそれらの力を身につけていくこともちろんですが，自由な時間のなかで幅広い活動ができ，自分の意識や行動を振り返ったり，試行錯誤する時間を取りやすい学生のうちにこそ，時間をかけて社会人基礎力を高めていってほしいものです。よく「自分の将来を見据えて，学生のうちから英語やITスキルを身につけましょう」と言われますが，社会人基礎力もまた，学生の頃にこそ高めておくべき大切なスキルなのです。

社会人基礎力の3つの能力と12の能力要素

社会人基礎力は，以下のように3つの能力分野に分かれています。

---
① 考え抜く力——シンキング
② 前に踏み出す力——アクション
③ チームで働く力——チームワーク

目的を設定し，現状とのギャップとそれを埋めるための計画について考え抜く力（シンキング），考え抜いた末に，その目的を達成すべく，主体的に行動する力（アクション），そして多様なメンバーとお互いを柔軟に受け入れ，

[*2] 経済産業省（2010）「大学生の『社会人観』の把握と『社会人基礎力』の認知度向上実証に関する調査」．

4

情況を把握しながら，時には傾聴し，自分の意見をわかりやすく伝え，心地よい環境で目的を実行していく力（チームワーク）です。

　本書では，次章より12の能力要素についてひとつひとつ解説していきますが，その前に，社会人基礎力を学ぶうえで心に留めておいていただきたいポイントがいくつかあります。

（1）ものさしとしての社会人基礎力

　図1-1に示された12の能力要素は，社会人が快適に社会生活を行ううえで基本的に持つべき力であり，どの力も社会人にとって大切な要素であるといえます。ただ，社会人が皆，12項目すべてに秀でている必要があるかというと，必ずしもそうではありません。誰しも得意・不得意分野があるわけで，大切なのは，**これらの能力要素を「ものさし」のようにして，「自らを測定する道具」**として用いることができるかどうかなのです。

　たとえば，自分の得意な力や持ち味は何か，今の組織は自分にどの力を求めているのか，今後はどの力を伸ばしていきたいのか，これから自分のやりたい仕事にはどの力が必要なのかなどについて，社会人基礎力はこれらの能力要素を整理し，折にふれて自分で振り返ることのできる，簡便で便利なツールとしてとらえることができます。第14章にこれらの能力要素を自他評価できるワークを掲載しましたので，ぜひご自分の力を測定し，キャリアについて考えるツールとして活用してください。

（2）社会人基礎力は職業・職位横断的なもの

　前項で「社会人基礎力はスポーツ選手の体幹力のようなもの」と述べましたが，「基礎力」というだけに，職業，職種，業種，職位，外資・日系の別を問わず，横断的に適用が可能です。もちろん，職種，職位，世代など，個々の状況によって12のうちの必要な能力要素の多寡はありますが，どんな状況の職業人も，自分の現状を評価する指標として，全体のバランスを検討するツールとして，活用することができるでしょう。

　国（経済産業省）が提唱したこの社会人基礎力ですが，ビジネスパーソンとしての現状および今後を簡便に整理・測定できることから，大学の講義や

企業研修においても積極的に取り上げられています。社会構造や労働形態の変化，高度IT化や市場ニーズの多様化などにより，私たちは今まで以上に，前に踏み出す力，考え抜く力，チームで働く力を駆使して，会社や社会で自分の力を発揮していくことが求められているのです。

 ## 「人生100年時代」の新しい社会人基礎力

　今の日本はこれまでに経験したことのない，急激な変化を遂げています。たとえば，出生率減，高齢化，ニートの増加などによる生産年齢人口の減少は，今後数十年間であらゆる分野へ影響を及ぼすことが予想されます[*3]。今後は，少ない労働力で互いに協力しながら，持続可能な社会のために，効率的に成果を上げていくことが求められるでしょう。

　また，世界的な技術革新の波は，第四次産業革命やSociery5.0[*4]などと言われ，劇的な社会生活の変化をもたらしています。コンビニエンスストアの宅配ロボットが，過疎地で交通手段のないお年寄りにお弁当を配達しています。レジで立ち止まって決済することなく，携帯電話1つで買い物ができるスーパーマーケットも広がりつつあります。

　同じように，仕事で求められる技術や能力もまた変化しています。たとえば農業では，スマート農業やアグリテックと呼ばれる，ロボット技術やICTなどの先端技術を活用し，超省力化や高品質生産を可能にする新たな農業形態[*5]が始まっています。田んぼには無人のトラクターが走り，コンピュータ制御された室内の理想的な環境で，LEDの下，水耕野菜が育っているのです。製造業分野でも，工場で産業用ロボットが活躍している映像を見たことがあるでしょう。医療分野では，手術や診断の機械化，再生技術への期待

＊3　河合雅司（2017）『未来の年表——人口減少日本でこれから起きること』講談社．
＊4　サイバー空間とフィジカル空間を高度に融合させたシステムにより，経済発展と社会的課題の解決を両立する，人間中心の社会のこと［https://www8.cao.go.jp/cstp/society5_0/index.html］．
＊5　［http://www.maff.go.jp/j/kanbo/smart/］．

が高まっています。

　そうなると，これまで必要とされた，手間ひまかけた農作物や伝承的な工芸品を作る職人技，「神の手」と言われる卓越した手技の外科治療・診断能力が新技術によって代替可能となり，かわりにそれらの技術を使いこなすスキルや，異分野との組み合わせでさらなる技術を生み出す能力などが，重要視されてくるのです。

　経済の価値観がデジタル革命により，モノから情報・知識へと転換する現代において，私たちは地球規模の環境問題などの大きな課題に向き合い，経済発展と社会課題解決の両立を目指すために，情報・知識，最先端技術を柔軟に取り入れ，組み合わせ，活用することや，専門外の仲間と協働し，新しいものを創造することが求められています。まさに社会人基礎力の要素が必要とされる時代です。

　さらに，個々の働き方・キャリアについても変革が訪れています。1つの組織に忠誠を誓い，定年まで同じ組織（会社）で勤め上げる終身雇用の時代から，自分の能力・強みを生かして複数の会社で活躍することを前提とした働き方になってきました。また就業形態についても，週5日，9時から18時勤務，といった画一的な働き方から，在宅ワーク，フレックスタイム制度，時差出勤などの，時間・空間を問わない，パフォーマンス（生産性）を重視した自由な働き方へと変わってきています。

　これらの背景には，これまで以上に長くなる我々のキャリアライフがあります。リンダ・グラットンの *LIFE SHIFT*[*6]でキーワードとなった「人生100年時代」でも述べられているように，高齢化，健康寿命の延長によって私たちは，会社に帰属するのではなく，自分のスキル・強みを生かした，より息の長い自由で多様なキャリアライフを，柔軟に歩んでいく必要があるのです。

　以上のように，激動の時代において，複雑な社会課題に協力して取り組み，長いキャリアライフをしなやかに活き活きと歩むためには，今まで以上に社会人基礎力の各能力要素が大切になってきます。さらには，それぞれのステー

　＊6　リンダ・グラットン，アンドリュー・スコット著／池村千秋訳（2016）『LIFE SHIFT——100年時代の人生戦略』東洋経済新報社。

第1章 社会人基礎力とは　7

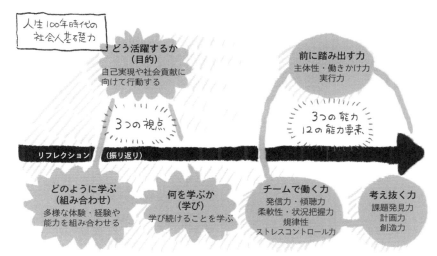

図1-2　人生100年時代に対応したスライド（経済産業省）

ジで目的を明確に持ち，12の能力要素のうち今は何が必要で，今後何をどう伸ばすべきなのかを的確に振り返りながら（リフレクション），自分らしいキャリアを進めていくことが求められているのです。まさに「人生100年時代の社会人基礎力」です（図1-2）。

 基礎 まなぶ君と学ぶ，社会人基礎力

　それでは，いよいよ次章から社会人基礎力の能力要素を見ていきますが，ここで，皆さんと一緒に社会人基礎力を学ぶ，基礎まなぶ君をご紹介します。
　読者の皆さんのなかには大学生もおられると思いますが，まなぶ君も現在大学3年生。皆さんと同じように勉強とバイト，部活（サークル）をしながら，就職活動を迎えているところです。皆さんとどこか同じ要素を持つ等身大のまなぶ君が，大学3年生から卒業，就職をして社会人として生きる5年の間に，目白希有亜（めじろ きゃりあ）ちゃんや，新宿先輩，渋谷先輩をはじめ多くの人たちと出会い，さまざまな出来事に遭遇し，時に失敗を通して学び，社会人基礎力を培い，成功体験を通して少しずつ成長していきます。

皆さんもまなぶ君と一緒に,社会人基礎力を体験する旅に出掛けましょう。

基礎(きそ)まなぶ君からのメッセージ

　皆さん,こんにちは！
　僕は,基礎まなぶ。北の丸大学社会学部の3年生,21歳だ。テニスサークルに所属し,カラオケ店でバイトをしている。3年生になっていよいよ就職活動の準備が始まった。将来の夢とか具体的なことは決まっていないけれど,せっかくなら新しくておもしろいことをやっている会社がいいな。スマホのアプリとかゲームの開発なんて,身近でおもしろそう！

第1章 社会人基礎力とは　9

この本の登場人物

渋谷先輩
まなぶ君が配属されることとなるマーケティング統括本部所属，入社7年目。まなぶ君が尊敬している先輩で，何かとアドバイスをくれる。同期のなかのエース。

基礎まなぶ君
好奇心はあるが，人前に出ることは苦手で，失敗すると落ち込みやすい一面も。就職活動を経て，ネット事業やスマホアプリ開発を手掛ける"セイバー・ドットコム"に入社。マーケティング統括本部に配属される。

**マーケティング統括本部
品川部長**
コンサルティング会社から転職してきた。やり手で元気がよく，新しいことを歓迎するタイプ。

新宿先輩
まなぶ君の2つ上で，同じテニスサークルの先輩。人材業界の会社で，営業として働いている。マイペースで熟考型。

目白 希有亜（めじろ きゃりあ）ちゃん
大学学部の同級生。チャーミングかつ聡明で，まなぶ君が好意を寄せている。IT系の会社にSEとして就職する。ゆくゆくは結婚・出産し，学んだスキルを使って，時間を自由に使える仕事がしたいと考えている。

ねこ
社員の飼い猫。一緒に出勤中。

第2章 「規律性」の巻
―― 社会のルールや
　　　人との約束を守る力

規律性の奥義

社会人としてのマナーを身につけ，周りに迷惑をかけないビジネスパーソンになるべし！

さて，基礎まなぶ君は……

【大学3年の7月】　仲間内でも就職の話題が増えてきた。そんななか，僕はテニスの大会に気を取られているうちに就職活動に出遅れてしまった感が……マズイ！　この時期，テストやレポートもあるし，授業に部活，就活を全部こなすのは，けっこう難しそうだ。
　実はこのあいだ，新宿先輩のオフィスにOB訪問に行ったとき，ちょっと遅刻しただけで厳しく叱られてしまった。バイト先なんて，結構大幅遅刻しても，あとで謝れば何にも言われないのにな。

　それにしても先輩のスーツ姿，カッコ良かった。できる社会人って感じで。会社のことや営業のこと，キャリアのこと，いろいろ話してくれた。「とりあえず興味がある会社にアプローチしてみろよ」って言われたから，ちょっとネットで探してみた。興味あることといえば，オンラインゲーム？かな?!　ま，とりあえず，目についたゲーム関連の会社にいくつかエントリーした。

第2章「規律性」の巻

そのなかで1社だけ，面接の連絡が来たんだ。チャンス！ だったにもかかわらず，面接当日，電車の乗り換えで意外に時間がかかって，到着がギリギリになってしまった。5人1組のディスカッションだったけど，僕1人が汗をふきふき参加する始末。みんな落ち着いていて堂々と見えた。そんな雰囲気にすっかり圧倒されて，やっぱり落ちた。なんか実力以前の問題って感じでヘコむ。。。

規律性のある人とは，周りに迷惑をかけない行動を取れる人

社会に出ると，一人だけで完結する仕事はほとんどありません。同僚，上司，取引先，顧客など，多くの人たち（ステークホルダー）と関わりながら仕事をします。間接的に関わる人も含めると，膨大な人数となります。

私たちは子どもの頃から，周りの人に迷惑をかけない行動を教えられてきました。相手を「ガッカリさせない」「悲しませない」も，これに含まれます。これは最低限の大人のマナーであり，それができる人は「規律性がある人」といえます。

経済産業省の提唱する「人生100年時代の社会人基礎力」によると，規律性は，「チームで働く力（チームワーク）」の能力に分類されています（第1章 図1-1参照）。多くの企業の場合，社員は組織の一員として業務を行うことになります。そのなかで「規律性を守る」ことが，組織の成長や業績の達成をスムーズにすることにつながります。たとえば，運動会での「むかで競争」をイメージしてみましょう。むかで競争の先頭の人は右へ向かおうとしています。しかし，むかでのメンバーが"一人でも"違う方向に進んだり，速度が合わなかったりすると，進みが遅くなります。

このように，「自分一人くらい」「少しくらい」という考えが，組織全体のパフォーマンス低下に影響することを知っておくことが大切です。つまり，規律性とは，大人としてのマナーがあるだけではなく，組織の一員として迷惑をかけない能力だといえます。

12

さて，皆さんはまなぶ君に対してどのような印象を受けましたか。「これくらいはよくあること」と思ったでしょうか。それとも，規律性に乏しく，だらしないと感じたでしょうか。

では，まなぶ君の行動とその影響について考えてみましょう。

(1) うかうかしていたらインターンシップの申し込みに出遅れた

開始後すぐに，インターンシップの申し込みを締め切る企業もあることを考えると，明らかに選択肢が減ります。大学の就職課や先輩に紹介されたインターンシップ先に申し込みができていない場合，紹介者に迷惑がかかる場合もあります。

(2) バイトを無断で大幅遅刻したことがある

少しの遅刻でも迷惑がかかることがあるにもかかわらず，無断で大幅遅刻は非常識な行動です。仕事内容によっては，アルバイト先だけでなく，お客様にも迷惑をかけることになります。

(3) 新宿先輩のOB訪問に遅刻

新宿先輩が後輩に会うために，他の業務に充てられる時間を削ったり，他のアポイントメントを断って準備して待っていたとしたら，非常にガッカリします。ガッカリさせるというのは，迷惑をかけている行為なのです。

(4) 面接当日到着がギリギリ

時間に遅れてはいないものの，就職面接にギリギリで到着することは常識から外れています。グループディスカッションの同じチームの人にまで焦りが伝わり，良いディスカッションができなかったとすると，自分だけでなく周囲にも迷惑をかけていることになります。

以上のように，一人の規律性の欠如が，自分に返ってくるだけではなく，周囲にも迷惑をかけている可能性があることがわかります。大学生のうちは「仕方ない」「自業自得」で済まされるかもしれません。しかし，社会人にな

ると，自分一人の行動が会社に大きな損失をもたらす場合もあります。

　まなぶ君がこのまま社会人になった場合，どうなるでしょうか。類似する
ケースを想定し，その影響を考えてみます。

(1)´ うっかり入札やコンペの申し込みを忘れた

　会社の社運をかけた入札やコンペの申し込みを担当することになったまな
ぶ君。申し込みを忘れたことで，受注できる案件も受注できず，周囲の努力
も水の泡に……。

(2)´ お客様との商談の日に無断欠勤

　前夜飲みすぎて，目覚ましをかけずに寝てしまったまなぶ君。気がついた
ら翌日の昼。午前にはお客様との大切な商談がありました。当然お客様は激
怒し，今後の取り引きは中止という結果に。

(3)´ 取引先との打ち合わせに少し遅刻

　取引先の専務は時間に厳しい方。事前連絡なしでの遅刻に気分を害し，契
約を解除されてしまいました。

(4)´ 大事な商品説明会への到着がギリギリ

　電車遅延情報を確認せずに家を出て，300名集まる商品説明会会場への到
着がギリギリに。上司が説明をする資料はまなぶ君が持参しており，300名
分の資料配布が説明前に間に合わない結果に。

　少し大袈裟な例かもしれませんが，これらはすべて**まなぶ君一人の少しの
ミスが発端**となって，会社全体の損失につながってしまう例です。しかも，
一人の力では挽回が非常に難しいケースばかりです。冒頭に述べたように，
規律性を欠く行動が自分だけに返ってくるのではなく，組織の成長や業績の
達成を妨げることにもつながるのです。過去の実例では，一人の社員が会社
のルールを違反してパソコンの持ち出しを行い，そのパソコンを紛失したこ
とで何万人もの個人情報が流出し，これに対する謝罪や賠償費用の支出や社

会的信用の失墜につながったケースがありました。このような社運を揺るがす事故は、たった一人の社員のルール違反が原因であることも少なくないのです。

規律性とは「社会のルール」と「人との約束」を守ること

では、「規律性」とは具体的にどのようなことを言っているのでしょうか。社会人基礎力では「社会のルールや人との約束を守る力」と定義しています。

「社会のルール」と「人との約束」には、どのような種類があるのでしょうか。以下に例を挙げてみます。

表2-1 「社会のルール」と「人との約束」に含まれるもの

	社会のルール	人との約束
種類	・法律 ・交通ルール ・校則 ・就業規則　　　　　など	・時間の約束 ・場所の約束 ・行動の約束 ・頻度の約束　　　　　など
具体例	・踏み切り前では一時停止 ・始業時間は9時 ・優先席は譲りましょう 　　　　　　　　　　など	・明日の9時に東京駅に集合 ・毎日進捗報告をする ・毎朝犬の散歩に行く 　　　　　　　　　　など

表2-1は非常にわかりやすく、守りやすいルールや約束の例です。私たちは子どもの頃から、ルールや約束を守る訓練を続けています。たとえば、学校では上履きに履き替える、廊下は走らない、出された宿題はやる、などです。

しかし、社会のルールや人との約束は、表のようなわかりやすいものばかりではありません。たとえば以下のようなルールや約束も、日常的によくあることです。

例1：満員電車ではリュックを網棚に乗せるか、前に抱えましょう。
　　──満員電車のない地域、国の人には意識したことがないこと。
例2：登山客同士は挨拶をしましょう。

第2章「規律性」の巻 ●●● *15*

　　　——登山経験者でなければわからないこと。
　例3：フォーマルな服装でお越しください。
　　　——フォーマルとカジュアルの線引きは人それぞれ。例がないと
　　　　わかりにくい。
　例4：お昼過ぎから始めましょう。
　　　——12時なのか，13時なのか。12時半，13時半も「お昼過ぎ」
　　　　といえる。

　例1や例2のような「ルール」は，国や地域の文化，集団の文化により，慣例的に行われていることです。明文化されたルールではありませんが，「常識」としてとらえられています。自分だけ違うルールで行動すると，「非常識」「世間知らず」と思われることがあります。
　例3や例4のような「約束」は，双方の解釈による違いが出やすく，価値観が一致しないと，信頼を失うことにもつながりかねないこともあります。そのような場合は，事前に具体例や自分なりの解釈などを挙げて，価値観が一致しているかをきちんと確認しておくことも大切です。

ポイント3　明文化されていない一般常識やマナーも含まれる

　「社会のルール」や「人との約束」について今度は明文化されているかどうかで整理すると，表2-2のようになります。

表2-2　「明文化・合意」の有無による分類

	社会のルール	人との約束
明文化されているもの 合意されているもの	規則や規定	約束やミッション
明文化されていないもの 合意されていないもの	一般常識やマナー	

　社会人基礎力として最低限守りたい規律は，明文化されている「規則や規定」および「約束やミッション」です。周囲に迷惑をかけないだけでなく，組織の業務をスムーズに行うために，全員が守って当たり前と認識されるも

のです。これらは明記されていて教えやすいという特徴もあり，ルールの説明，約束を守ることについては，先輩社員が指導してくれることもあります。

　反面，「一般常識やマナー」については明文化されていないことが多く，教えにくい，指摘しにくいという特徴があり，先輩社員が指摘や注意をしない場合もあります。まなぶ君のケースでは，約束に遅れたとき，新宿先輩は注意をしてくれました。一方，就職面接にギリギリに到着したことを，おそらく面接官は指摘してくれません。しかし，遅刻の印象の悪さが不合格の原因となる可能性もあります。「一般常識やマナー」は差がつきやすいぶん，きちんとできていると非常に好印象になるという側面があります。だからこそ日頃から，明文化されていないマナーも含め，規律性を意識した行動を取ることが大切です。

　規律性は，組織だけでなく社会全体の動きがスムーズになり，気持ちよく過ごすための要素です。それらは目に見えませんが，見えるかたちにするのが行動です。積極的にルールや約束を理解し，行動に移すことで，はじめて規律性のある社会人として周囲から評価されます。自分を律して行動する力を身につけることが，カギとなることを覚えておきましょう。

【規律性を培う３つのポイント】

① 「ルール」や「約束」を正しく理解することから始まる。

② 明文化されていないルール (常識やマナー) は，文化や集団により異なることを理解する。

③ ルールや約束を「知っている」だけではダメで，自分を律して「行動」につなげることが大切。

第2章「規律性」の巻

COLUMN

「ハロー効果」と「ピグマリオン効果」

　社会人基礎力12の能力要素のなかで，他者から判断しやすいもののひとつが，「規律性」ではないでしょうか。規律性の多くは，外見やちょっとした行動にも現れます。

●人は見た目が大事?!●
　たとえば，以下の図のどちらが「規律性のある社会人」に見えますか？

　多くの人が，Aのほうが規律性のある社会人だと判断するでしょう。時間や締め切りを守り，顧客との約束を誠実に守ることが外見からイメージできます。
　Bのほうは少々だらしないイメージです。時間や約束にもルーズそうです。しかし，規律性以外の要素については，外見では判断できないものもあります。たとえば，「創造性」や「柔軟性」については，Bの社会人のほうが持ち合わせているかもしれません。
　規律性は，他人に迷惑をかけない，他人を不快にさせないための最低限のマナーですが，それ以上の効果も期待できます。その代表が，「ハロー効果」と「ピ

グマリオン効果」です。

●ハロー効果●

ハロー効果とは，「ある要素を評価されると，それに引きずられて他の要素も評価されやすい」という効果です。たとえば，「身だしなみがきちんとしている人は仕事もできる」と感じるような例です。身だしなみと仕事の出来には実は相関がないにもかかわらず，そのように受け取られるのです。ハロー効果によって一度良い印象を持たれると，それが長続きします。特に営業職のような場合は，「この人が言うなら信頼して買おう」といったように，商品の評価ではなく，「誰が売るか」が契約につながることも多々あります。反対に，一度悪い印象を持たれた場合，それも長続きしてしまうのです。つまり，挽回が難しいのです。

●ピグマリオン効果●

ピグマリオン効果は，教師の期待によって学習者の成績が向上する効果のことです。これは，企業のなかでも非常によく見られる現象です。たとえば，同じ部署に2名の新入社員がいるとしましょう。Cさんは身だしなみも爽やかで，挨拶もしっかりし，上司に呼ばれるとすぐに自分の席を立ちます。一方，Dさんは遅刻が多く，服装も乱れ，精算伝票の提出なども遅れがちです。この情報だけでは，「どちらが難しい仕事に取り組めるか」の判断はできません。しかし上司は，先述のハロー効果により，Cさんのほうに難易度の高い仕事を依頼しがちです。そうすると，Cさんは「上司は自分を選んで，仕事を任せてくれた。自分がチャレンジすべき仕事なのだ」と上司の期待に応えようとし，さらに仕事の幅や経験が増えます。そして，ますます新しい仕事を任されるようになり，成長します。

冒頭でも述べたように，規律性は他者から判断されやすいという特徴があります。そして，最初に下された判断が長く影響します。ここで紹介したのは「個人の評価」につながる例ですが，一人ひとりが企業を代表しており，個人の印象が企業の印象につながることも，ぜひ覚えておいてください。

「規律性」を学んだ皆さんへ

　働く環境や，働く人の多様化が加速しています。少し前に「ダイバーシティ」という言葉が流行したように，国籍，性別，身体的な違いなどにかかわらず，さまざまな人が企業で働く社会になっています。

　また，この多様性でキーとなるのが「インクルージョン」です。多様な人材がお互いを認め合い，助け合って働く状態です。今後，日本の労働人口を確保するためには，多様な価値観やライフサイクルの労働者を受け入れ，共に働く社会になることが求められます。海外労働者の採用も増加するでしょう。多様化する労働環境のなかで，お互いに気持ちよく，そして効率よく仕事をするためにも，規律性はますます必要となっていくのです。

先輩からのエール

――廣島瑞穂さん
人材紹介事業／キャリアコンサルタント

◆**法則を知って，仕事を楽しもう**◆

　自分の思いどおりに仕事を楽しむには，法則を知るのが近道です。

◆**法則①：約束を守る／信頼される人になる**◆

　入社して約3年間は，仕事を教わる期間です。ポイントは「社内から信頼される人になる」ことを意識することです。そのやり方は，信頼されない人をイメージし，その逆を実行するのです。信頼されない人とは，「自己中心的な人」「約束を守れない人」「他人に迷惑をかける人」だと思います。皆さんは多くの人の力を借りながら，ビジネスパーソンとして成長することを期待されています。信頼を分解し，ステップに置き換えると，図2-1のようになります。矢印のスタートは自分です。自分から信頼を勝ち得ていくことが重要です。

①個人としての信頼――家族，友人たちとの信頼関係
②社内からの信頼――上司，同僚，先輩，他部署の人との信頼関係
③社外からの信頼――お客様，世の中との信頼関係

図2-1　信頼のステップ

◆**法則②：挨拶は重要なスキル，規律はビジネススキルの基盤**◆

　採用の面接官はたった数分で，応募者の身だしなみ，挨拶，声のトーン，そして働く志向性を聞き，「この人と一緒に働きたいか」を見ていきます。清潔感が

あるか，会話のキャッチボールができるか，仲間として一緒に働きたいと思えるか。そこで大事なのが対人印象になります。大学生までは自分が選んだ人との交流だけでよかったのですが，社会人になると，付き合う相手を自分では選べなくなります。自分の苦手なタイプの人とも，一緒に仕事をしていく必要性が出てきます。また，フォロワーの顔や声のわからないツイッターやインスタグラムと異なり，日常接する人は生身の人間です。そこで私は，挨拶をお勧めします。挨拶は，簡単にできて，かつ，人との関係性を作る重要なツールです。会って数秒間の空気に勝つためにも，自分から挨拶をしてみましょう。

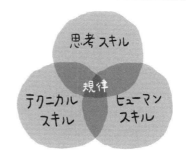

図2-2　ビジネススキルと規律の関係

　ビジネススキルと規律の関係を，図2-2に表しました。規律とはビジネススキルの中心にある大事な基盤であり，規律を守ることで，人との信頼関係もビジネススキルも上げていくことができます。

◆これから羽ばたく皆さんへ◆

　私は優等生ではありませんでした。挨拶をしない，自分から人と接しない，などといった時期もありました。今振り返ると，挨拶をしない，自分から人と接しない時間は，回り道だったように思います。皆さんはこれから，いろいろな人との出会いと経験を積んでいくことになります。まずは自分から積極的に行動してみてください。前述の法則①②をお忘れなく！

Question ①：大学生の頃，どんなときに規律性が必要だと感じましたか？
Answer——ゼミ仲間と親しくなるとき，集団行動で何かを実践するとき，規律性を意識しました。まずは挨拶を実行しました。

　最初の授業で，近くに座っていた女性に，「おはよう」と挨拶しました。彼女とは卒業後もずっと仲良くしていますので，あのとき自分から挨拶してよかったと思います。また，ゼミの合宿のときのことです。バスで移動するのですが，2名が集合時間に遅れてきました。その遅刻のおかげで出発時間が遅れ，途中予定していた観光に行けなくなりました。遅刻した2人はその後，なんとなく居づらくなったのか，だんだん大学に来なくなりました。時間を守ることは，人間関係

を守ることにもつながると実感しました。

Question ②：社会人になってから規律性をどうやって伸ばしたのですか？
Answer——入社1年目に某上場企業の人事部長に教えてもらいました。「約束の時間を守ることが大事だよ。遅れそうなとき，たとえ1分でも2分でも遅刻しそうなときは事前連絡をしなさい。相手はその約束のためにスケジュール調整をしているはずだからね。相手の時間を思いやることが，営業としての信頼につながるよ」。以来私は，相手の時間を意識して行動しています。

Question ③：社会人として規律性の大事さを実感するのはどんなときですか？
Answer——お客様のクレームからたくさん学びました。たとえば，あるとき会社の代表電話にクレームが入り，すぐにお詫びにうかがいました。お客様がご指摘されたことは，「御社の営業担当の方が数分遅れてきた。営業訪問は約束の時間より5分前がルールではないでしょうか？ そのような教育を御社では実施していないのですか？」。一人の営業員の遅刻が会社の信頼を左右するのだと，痛感しました。

第3章 「課題発見力」の巻
―― 現状を分析し
　　目的や課題を明らかにする力

課題発見力の奥義

　日々の仕事や生活のなかには，たくさんの課題が隠れている。目的・目標を達成するために改善できる課題が何か，見つけ出す方法を会得すべし！

その後，基礎（きそ）まなぶ君は……

【大学3年の10月】　面接の時間を甘くみたっていう，実力以前の失態をやらかしたイマイチな滑り出しの就活。「このままではちょっとマズい」と思い，新宿先輩に連絡してみた。すると「宿題送るから，次に会うときまでにやってみろ」とのこと。ファイル名は「課題発見シート」。前に会ったとき，「自分のやりたいことや，目的とか目標を書き出してみろ。それに近づくためにはどんな課題があるかもな」って言われてたが，やってなかった。この穴埋め式のシートなら書けそうだ。がんばるぞ！

まなぶ君、先日は時間の管理に失敗して、ちょっと落ち込んでいました。でも、頼もしい新宿先輩に相談したのは良い判断かもしれません。そんな先輩から送られてきた「課題発見シート」とは、どんなものなのでしょうか。
　この章では、まなぶ君のケースを参考に、皆さんがご自身で課題を発見する際のポイントをご紹介したいと思います。

課題発見の流れを押さえよう

　まず、課題発見に至るプロセスを図3-1に示しました。課題を発見するうえで大切なのは、「目標の設定」と「現状の把握」です。課題というものは、「現状と目標とのギャップを埋めるために、解決すべきテーマ」といえます。したがって、仕事でも日常生活でも、下記の①〜③の順番で課題に取り組むことになります。具体的な方法について、これから一緒に詳しく見ていきましょう。

> ① 自分の目指す目標を設定する。
> ② 現在の状態を把握・分析する。
> ③ それらのギャップを埋めるために解決すべきテーマ＝課題を検討する。

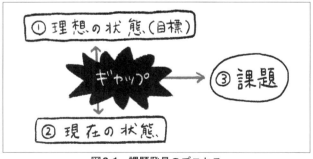

図3-1　課題発見のプロセス

目標と目的，その違い

　課題発見プロセスの最初は，「目標の設定」です。まずは「目標」と「目的」の違いについて整理しておきましょう。目的と目標はどう違うのでしょうか。
　ここに3人の若手社員がいます。3人には「1年後，会社の売り上げノルマを達成する」という共通の目標があります。そこで3人に，「あなたの仕事の"**目的**"は何ですか？」と聞いてみました。

Aさん：「う〜ん，仕事の目的ですか？　目標と一緒ですね。ノルマを達成するのみです！」
Bさん：「私の仕事の目的は，とにかくお金を得ることです！　どんどん売って，たくさん稼ぐことです！」
Cさん：「私の仕事の目的は，素晴らしい商品をどんどん世に送り出して，世の中を便利に，そしてみんなを笑顔にすることです！」

　いかがでしょう。同じ目標（＝ノルマ達成）に向かって仕事をしている3人ですが，目的はそれぞれ違うようです。Aさんは，目標と目的は同じ「会社に言われたノルマを達成すること」です。Bさんの場合，目標はまずノルマ達成ですが，その先に「多く売って，お金を稼ぐ」という目的があります。またCさんは，「自社の商品を売ることで，社会をより良くすること」という目的を持っています。
　目標は，「目的を達成するために設けた，めあて」（『広辞苑』）とあるように，目標の先に達成したい目的があります。また「会社の売り上げ目標」といったように，自分でなく他者が設定することもできます。
　一方，「目的」はより自分ごととなり，意味や意図が加わり，**最終的に**目指すものです。いくつかの目標があって，その先に目的がある，つまり「目的を達成するための過程（プロセス）に目標がある」というイメージです。
　より理解を深めるために，図3-2に目標と目的の関係を示します。たとえばまなぶ君，「あこがれのきゃりあちゃんと付き合う」という目的のために，

3つの目標を立てました。

[目　的]：あこがれのきゃりあちゃんと付き合う。
[目標①]：自分に自信を持つ。
[目標②]：協力者を確保する。
[目標③]：もっと接点を持つ。

これを図にしてみると以下のようになります。

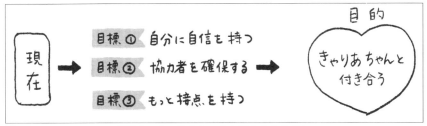

図3-2　きゃりあちゃんと付き合うために

「きゃりあちゃんと付き合う」という「目的」に向かって，上記の3つの目標をクリアしていく，という関係性が図3-2でおわかりいただけると思います。

このように目的と目標の性質をみると，本章のトピックである課題発見力においては，最終的に達成したい「目的」よりも，まずはより短期的で可視化しやすい「目標」のほうが，具体的な課題を設定しやすいことがわかります。そのため本章では，自分の目指す状態を「目標の達成」として，課題発見のメカニズムを見ていくことにしましょう。

「理想」と「現実」からの課題発見

課題をうまく発見するためには，「理想」と「現状」と「課題」の関係性を，図3-1のように思い描くとわかりやすいことをお伝えしました。まず，

第3章「課題発見力」の巻 ●●● *27*

図3-1の一番上にある「理想の状態」について，皆さんが目指したい目標を1つ思い浮かべてみてください。そして，図の下部には「現在の状態」とあります。今の状態のどんなところに課題があるのか，現状を見極め，分析する必要があります。まなぶ君のケースで考えてみましょう。

（1）達成目標を選ぶ

まなぶ君はまず，きゃりあちゃんと付き合うために必要な3つの目標のなかから，「自分に自信を持つ」ことを達成目標に選びました。現在は「自分に自信がない」状態のようです。具体的には，どんなところに自信がないのでしょうか。どんな課題をクリアすれば，まなぶ君は「自信を持った」状態に近づくことができるでしょうか。

（2）目標と現実のギャップから課題を見つける

まなぶ君は自分に自信が持てない現状を分析した結果，以下のように，3つの側面で自分を磨き，自信をつけようと考えました。

課題①：外見（髪形や容姿）を磨く。
課題②：洋服や持ち物のセンスを磨く。
課題③：内面を磨く。

（3）具体的な課題の解決策を考える

少しずつ具体的になってきましたね。次は，ひとつひとつの課題について具体的な解決策・改善策を出していく，という流れです。たとえば，髪形に自信が持てないのであれば，雑誌に載っているヘアサロンに行って相談してみるとか，洋服や持ち物のセンスが足りないと思うのであれば，おしゃれな友だちと買い物に行き，一緒に服を選んでもらうのも手かもしれません。あるいは，もっと内面を磨く必要性を感じたら，話題の書籍を読んでみたり，異業種交流会などに参加し，自分の引き出しや人脈を広げることも有効でしょう。また，休日に美術館で芸術鑑賞をしたり，話題の映画を観たりと，自分の興味のあるジャンルから内面を豊かにすることを目指してもいいかも

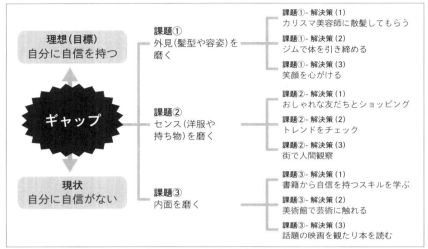

図3-3 「理想と現状」からの課題発見プロセス（まなぶ君の場合）

しれません。

　参考として図3-3に，まなぶ君の「理想と現状からの課題発見プロセス」を示しました。皆さんがまなぶ君だったら，ほかにどんな課題が思いつきますか。いきなり「さぁ課題を発見しよう！」と言われても，なかなか難しく感じるかもしれませんが，課題は**目標→現状→ギャップ**を掘り下げた先に出てくるものですから，そのプロセスを丁寧に行い細分化すれば，具体的な改善策や行動案が出やすくなるのです。

【課題発見力を培う3つのステップ】

① 達成目標を選ぶ。

② 現状を分析し，目標とのギャップを見つける。

③ ギャップに対する課題を具体的に考える。

（4）皆さんもやってみよう！

まなぶ君が行った方法で皆さんも書き込んで使える「課題発見シート」を，ご用意しました（図3-4）ので，それぞれの課題発見に取り組んでみてください。

今回の事例は仕事と関係のないものでしたが，実際の業務においても，あらゆる場面で課題発見力が求められます。日常業務や新規事業，営業でも管理部門でも，現状に満足することなく，常に「課題はないか」「より良い方法はないか」「このままでよいのか」を，作業効率や経費削減の観点などから多角的に考え，目標と現実とのギャップから出てくる課題に対する新しいアイデアや解決策を，見つけていけるとよいですね。

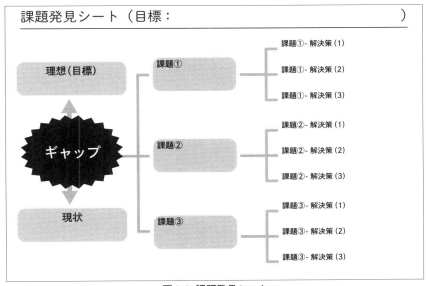

図3-4　課題発見シート

COLUMN

ロジックツリー
——問題を分解する方法

　本章では，「現状」と「理想」そしてその「ギャップ」について，順を追って挙げていくことで課題を発見する方法を説明しました。とはいえ，ギャップから具体的な課題を挙げていくのは，なかなか難しそうですよね。そんなときに使えるツールをご紹介します。

　これは，問題をいくつかの要因に分解するための，「ロジックツリー」と言われる思考ツールのひとつで，会社の経営や業務をアドバイスするコンサルティング業界で使われるフレームワークのひとつです。大きな幹から小さな枝に分かれていく様子を木に見立てて，「論理の木（ロジックツリー）」と呼ばれます。早速，ケースを使って見てみましょう。

●ケース●

　あなたはある会社の海外支社にいます。現在，期の後半に入ったところで，利益は2,000万円です。本社から言われている今期の支社利益目標は5,000万円で，その差はあと3,000万円あります。

　ここで考えられる課題について考えてみましょう。まず，ケースから読み取ることのできるギャップは，「今期の支社の利益があと3,000万円」ということですね。現在期の後半突入ですので，前半と同じ速度では，3,000万円のうち2,000万円しか利益を上げられない可能性が高いです。これを課題に落とし込むにあたり，「利益」というものをどのようにブレイクダウンできるか考えてみましょう。この利益の分解作業でロジックツリーを使います。

　利益は，たとえば，新規事業利益と既存事業利益，売り上げ−経費，海外での利益と国内での利益，単価ごとの利益×売り上げ個数，などで説明できそうです。

そうすると，たとえば以下のような課題が抽出されます。

① 新規事業の収益性が悪い。
② 間接経費のコストが高すぎる。
③ 国内ではよく売れているが海外でのシェアがいまいち。
④ 売上個数が伸び悩んでいる。

　図3-5のようにギャップをブレイクダウンし，細い枝にすることで，具体的な課題解決策が検討しやすくなります。
　なお，ブレイクダウンの際には「もれなくダブリなく」の原則［MECE：Mutually（お互いに），Exclusive（ダブリがなく），Collectively（全体に），Exhaustive（もれがない）の頭文字をとったもの］，特に「全体にもれがない」ことを意識することが大切であると言われています。

図3-5 ロジックツリーの例（利益を上げたい私たち）

「課題発見力」を学んだ皆さんへ

　今回のケースは自分ひとりで課題発見を目指す前提でしたが，実際の職場では必ずしも自分の立場だけで目標や課題が設定できるわけではなく，上司の意向，部署の方針，会社の方向性など，さまざまな要素が関連します。その場合，これまで学んだ課題発見の方法に加えて，経営方針や業務の現状を客観的に分析したうえで，自分の問題意識を持って，解決に挑む力が求められます。そのためにはぜひ，日頃から課題発見力を鍛え，より複雑な状況下でその力を存分に発揮し，活躍していただくことを願っています。

　まなぶ君もこの課題発見シートと新宿先輩のサポートを得て，見事，希望の会社の内定をゲットできたようですよ。さらにきゃりあちゃんに告白して，OKももらったようです！ いよいよ次章から，まなぶ君の新入社員生活が始まります。どんな出来事がまなぶ君を待ち受けているのでしょうか？

【参考文献】
グロービス・嶋田毅（2015）『図解　基本フレームワーク50──グロービスMBAキーワード』ダイヤモンド社
齋藤嘉則（2001）『問題発見プロフェッショナル──構想力と分析力』ダイヤモンド社
松丘啓司（2010）『論理思考は万能ではない──異なる価値観の調和から創造的な仮説が生まれる』ファーストプレス

先輩からのエール

——福留大士さん
（株）チェンジ代表取締役社長

◆**理想の自分になるために「課題を見つけ出す力」を身につけよう**◆

　皆さんは社会人になって，「活躍したい」「世の中の役に立ちたい」「いっぱいお金を稼ぎたい」といった，漠然とした理想的な姿があるのではないでしょうか。現時点でそれは具体化されていなくてもよいのですが，何となくこうなりたいというイメージを持っておいてほしいところです。

　このような自分の理想像，ありたい姿を実現するのに役立つのが，課題発見力です。学生の頃の課題は，明確なカリキュラムに沿ってすでに設定されていることが多いですが，社会人になると，自分で課題を見つけ出す能力が求められます。

　課題を見つけ出すには，問題意識が必要です。この問題意識の根本が，「自分が理想とするものごと」なのです。自分の理想と現実のギャップから，問題意識が芽生えます。たとえば，「人生100年時代，ずっと元気に健康で過ごしたい」という理想があるとします。ところが，現実は病気になって寝たきりの高齢者が多いことに気づかされます。ここで，「自分は，高齢者がずっと健康で過ごせるような支援をしよう。しかも，自分が得意なスポーツの力を通じた支援が一番向いてる」というような，自分なりの目的意識ができ上がります。こうなれば，あとは自然に行動に移っていきます。

　課題を見つけ出すことができ，次々に課題をクリアしている社会人は，とても楽しそうに仕事をしているのが特徴です。**誰かに与えられた課題ではなく，自分の理想が出発点となって，自ら発見した課題に活き活きと取り組む**ことほど，楽しいものはないからです。ぜひ，学生の頃から，課題発見力の基本を身につけて，楽しい社会人生活を送ってください。

Question ①：大学生の頃，どんなときに課題発見力が必要だと感じましたか？

Answer——学生時代のテスト，バイト，就活，長い休みの過ごし方など，あらゆる局面で課題発見力が求められ，鍛えられるチャンスがあると思います。たとえば，私はテストの際に，「最短の勉強時間で最高の点数を取る」という理想を掲げていました。アルバイトや海外への放浪の旅が忙しくて，勉強に費やす時間がなかったからです。そのような理想を現実のものにするために，いろいろと試行錯誤したのですが，自分がどこまで，何を理解しているかを把握・分析することが，最も効率を上げる方策であることがわかってきました。どこに自分の時間を投入すべきか，課題が見えてくるからです。漫然と勉強していては成果を出すことも難しいでしょうし，時間の無駄も大きいです。

　このように，**日頃から常に自分の理想や目標を持って，現状との距離を測るクセをつけておく**と良いのではないかと思います。

Question ②：社会人になってから課題発見力をどうやって伸ばしたのですか？

Answer——私は課題発見が仕事そのものともいえるコンサルタントを，社会人のスタートで選びました。お客様の会社をさらに良くするには何が必要だろうかを常に考えて，課題を見つけ出すことの大変さや楽しさを実感しながら，20代を過ごしました。また，自分なりの理想や問題意識を持つために，いろいろなことに興味を持って勉強したと思います。

　また，最近大事だと思うのは，「現場のリアリティを感じる」ということです。たとえば，企業がスマホを使って消費者向けにサービスを展開するときに，消費者の視点に立ってサービスを作り込むことが重要です。提供者である企業の視点ではなく，お客様である消費者の視点（＝現場）から課題を発見できるかどうかが，支持されるかどうかを決めることになります。

Qusetion ③：社会人として課題発見力の大事さを実感するのはどんなときですか？

Answer——適切な課題を発見できるかどうかが，社会人として成果を出すのに最も不可欠な能力といってもよいのではないでしょうか。私の会社は現在，事業を拡大中で，新入社員を含めて数十名の人財を採用していますが，彼らの成長スピードの差は，課題発見力だと感じています。**目標を達成するのにどのような行動をとればよいか，自分なりに考え抜く力が備わっている人は成長します。**

第3章「課題発見力」の巻　●●● *35*

　仕事というのは，調べて，考えて，決めて，行動することの繰り返しです。このサイクルをうまく回すのに必要な原動力が，課題発見力といえると思います。皆さんの日常生活のなかには，課題発見力を鍛えるチャンスがたくさん転がっています。ぜひ，自分や自分の身の周りの環境をより良くするために，課題を見つけ出す習慣を身につけてください。

第4章 「情況把握力」の巻
―― 自分と周囲の人々や物事との
関係性を理解する力

― 情況把握力の奥義 ―
仕事では，いつも周りの情況を意識して，「今自分はどんな役割を求められているか，何ができるのか」を意識すべし！

その後，基礎まなぶ君は……

【入社1年目の4月】 新宿先輩のアドバイスを得て就活をがんばった僕は，晴れてセイバー・ドットコムという会社に入社した。インターネットやゲーム事業を展開している会社だ。面白いことができそうだし，社長をはじめ社員の雰囲気も良さそうだ。しばらくはここで頑張ってみようと思う。新宿先輩も「どんな会社でもとりあえず3年はやってみろ」って言ってた。とにかくたくさんのことを吸収して，成長したい！ 去年思い切って告白して付き合うことになったきゃりあちゃんも，無事IT系の会社に入社して，SE（システムエンジニア）になるべく研修が始まった。

6月。いよいよ配属先が決まり，「マーケティング統括本部」の所属となった。「プランナー」なんて，なんだかイケてる肩書きのついた名刺をもらって，気分がアガる。隣のデスクには入社7年目の渋谷先輩がいて，仕事や業界のことを少しずつ教えてもらっている。この人がまた，

カッコいいんだ。頭が良くて,仕事も早くて,コミュ力があって,ガツガツしてなくて。僕と7歳しか違わないなんて信じられないほどの知識量だし,人柄も良いときている。こんな人に仕事のノウハウを教えてもらえるなんて,めっちゃラッキー。これまでは,インターネットやゲームなんて完全にユーザー側だったが,早くいろんなことを身につけて,先輩の右腕になるぞ!

　10月。毎年この時期は,来期に向けて見直すもの,立ち上げるものを洗い出す"変革月間"。「基礎くんは新人だから,無理しなくていいよ」って言われたけど,僕にも何かできないかな。まずは,過去のヒット商品を知ってヒントを得よう。会社のWebサイトに『My Project』っていうコンテンツがある。そこに開発秘話的なブログが入っているらしい。あとは,業界のトレンドについて調べてみるか。でも,何か課題やヒントが見つかったときは,どうしたらいいんだろう。みんなどうやっているのかな?

　情況把握力とは何でしょうか。社会人基礎力の定義によると,「自分と周囲の人々や物事との関係性を理解する力」とされています。具体的には,「周囲から期待されている自分の役割を把握して行動する」「自分ができること・他人ができることを的確に判断して行動する」「周囲の人の情況(人間関係,忙しさなど)に配慮して,良い方向へ向かうように行動する」ということです[1]。これらについて,まなぶ君が経験したエピソードをもとに考えてみましょう。

　就職して約半年経ったまなぶ君,少しずつ社会人生活に慣れてきました。職場のメンバーの顔と名前も覚え,日頃のコミュニケーションも順調そうで

---

[1] 経済産業省 (2007)「今日から始める　社会人基礎力の育成と評価——将来にニッポンを支える若者があふれ出す!」。

す。この半年間は、職場に慣れることがまなぶ君の課題でした。この課題を順調にクリアしたまなぶ君。仕事の見直しや新規に立ち上げるプロジェクトを洗い出す「変革月間」を前に、自分も何かできないかと張り切っています。新人ならではのフレッシュなアイデアを出そうと、最近の流行や大学生の間で話題になっていることを調べて、新規プロジェクトを提案しようとしています。早速、渋谷先輩に、「僕も新しいプロジェクトを提案してみようと思っているんです。たとえば、大学生は時間管理が苦手だから、大学生向けの時間管理アプリとか、ゲーム感覚でできるようなものなんて、いいんじゃないかなと思っているんですよね！」と相談したところ、「なかなかいい着眼点だね。ただまだ入社半年だし、会社のことや仕事のことを、もう少し学んでから新しいプロジェクトのことを考えてもいいかもしれないね」と、やんわりたしなめられてしまいました。

さて、皆さんがまなぶ君の立場だったらどうしますか。まなぶ君みたいに、「新人ならではのアイデアを出すぞ」と張り切る人もいるかもしれません。あるいは、「入社したばかりなのに、できることなんてないよ」と、最初からあきらめモードに入る人もいるかもしれません。

何でも学ぶぞ！ の姿勢が大事

　新しい仕事を立ち上げるときは、仕事の具体的なアイデアや、必要とされるスキル、スケジュール管理や進め方、関係する部署やメンバー、押さえておくべきキーパーソン、予算、収益見込みなど、さまざまなことに目配りをし、具体的に考える必要があります。これは、新人がいきなりできる仕事ではありません。会社のことがわかり、いくつかのプロジェクトを経験した中堅社員、そう、渋谷先輩くらいにならないと、プロジェクトを立ち上げて回すのは難しいでしょう。

(1) 新人に期待されていること

　では、新人だからできることはない、とあきらめてしまってよいのでしょ

うか。株式会社マイナビ調査[*2]によると，ビジネスパーソンが新人に期待することの第1位が「素直さ」，第2位「学ぼうとする姿勢がある」，第3位「報連相（報告・連絡・相談）ができる」，第4位「明るい」，第5位「雑事も率先してやる」となっています。ビジネスパーソンは新人に対して，高度な能力や即戦力というよりは，まずは素直で明るく，社会人として周囲の人と気持ちよくやっていけることを求めているようです。また，会社や仕事のことを何でも学び，小さな仕事でも率先してやろうという姿勢が非常に重要です。

(2) 会社の方向性や情況を理解しよう

　まずは会社の進んでいる方向性や，誰がどんな仕事に取り組んでいるのかを知ることから始めてみましょう。たとえば，まなぶ君の尊敬する渋谷先輩が取り組んでいるプロジェクトは，会社のなかでどのように位置づけられるのでしょうか。

　会社では近年，既存事業の枠組みにとらわれない新しい技術を用いたプロジェクト，特に社会の持続可能性につながるような取り組みを推進しているようです。そんななか，渋谷先輩は，ドローンをはじめとする新技術を過疎地で活用するプロジェクトを，自治体と共同で進めています。社長も会社の今後に影響を与えるものとして注目しているようです。渋谷先輩は，「プロジェクトの参画を打診されたとき，断わるつもりだったんだ。なぜなら，このプロジェクトには高度な技術や自治体との協働が要求されるが，自分にはその力量も経験もないし，荷が重すぎると思ったからね。でも，自分に打診されるということは，自分にしかできない何かを期待されているということなんじゃないか，って思い直したんだ。ちょっと第三者になったつもりで，自分を俯瞰してみた。そして，これは断ってはいけないんじゃないか。自分の力を伸ばす絶好のチャンスじゃないか，って思ったんだ」。後日，渋谷先輩は直接上司に説明を求め，納得したうえでプロジェクトへの参加を決めたそうです。まなぶ君はこの話を聞いて，「会社の方向性や意向など，周りの

＊2　マイナビ学生の窓口（2010）社会人編「『新人に期待すること』ランキング──能力より姿勢が大切」［http://news.nicovideo.jp/watch/nw29730］。

情況を見きわめながら，仕事に関わっていくことが大切なのだな」と思いました。

 ## 周囲の情況を把握し，自分に何ができるか考える

　また，まなぶ君は「自分を第三者的に見る，自分を俯瞰すること」も，大事なことなのではないかと思うようになりました。それは，客観的に自分のできることを知るということです。「会社の方向性と，今進行中の仕事を知って，そのなかで自分のできることをやる。先輩が言いたかったのは，こういうことなのかも」と考えたのです。

(1) 自分の周りで何が起こっているか，よく見てみよう

　渋谷先輩のプロジェクトについて知った数日後，週末たまたま読んでいた雑誌に，海外でのドローン活用例に関する記事が載っていました。まなぶ君は「あっこれ，渋谷先輩のプロジェクトに役に立つかも」と思い，渋谷先輩に情報共有しました。渋谷先輩から感謝の言葉があったことは言うまでもありません。

　そして渋谷先輩から，「このあいだの記事，いいヒントになったよ。あんな情報がもっと欲しいからリサーチしてくれないかな」と頼まれました。まなぶ君も渋谷先輩のプロジェクトの一員になったのです。

　その後，まなぶ君はどうしているでしょうか。渋谷先輩から仕事を頼まれてうれしいまなぶ君は，こんなふうに考えるようになりました。「渋谷先輩のプロジェクト以外にも，みんながどんな仕事をしているのかわかれば，もっと僕も役に立てるかもしれないなあ。変革月間，イコール『新しいプロジェクトを立ち上げる』って意識だったけど，ここはみんなの仕事を手伝いながら，勉強する機会にしよう」。まなぶ君，自分の今の力を第三者的・俯瞰的に見て，また周囲がどのような情況にあるのかを考えて，自分のできることをしようとしています。

（2）自分ならではの情報収集法を考えよう

「他の人のプロジェクトを知るにはどうしたらよいかな。たしか，会社の
ウェブサイトに『My Project』っていうコンテンツがあったなぁ。そこにコ
ラムがあるみたいだから，まずはそれを見てみよう」。まなぶ君，昼休みに
PCにかじりついてコラムを読んでいます。「うーん，なんとなくわかった
けど，プロジェクトのどんなところが難しいのかとか，どんな苦労があるの
かとか，そういうことは書いてないなぁ」。そんなつぶやきを聞いた渋谷先
輩が，「そうだよ。字数は限られているし，社外秘事項もあるから，くわし
いことは書けないよ。もっと知りたいなら，プロジェクトの担当者に直接話
を聞いてみるのがいいよ。『ウェブサイトに載っているプロジェクトの話を
聞かせてください』って頼んでみれば」と，アドバイスをしてくれました。
なるほど，さすが渋谷先輩です。

まなぶ君，早速行動に移します。マーケティング部の赤坂さんが，「ラン
チでも食べながら」と応じてくれました。

「お忙しいところをありがとうございます。早速ですが，赤坂さんは海外
事業の展開に関するプロジェクトに関わっていらっしゃるんですよね。もう
少しくわしく教えてもらえませんか？」

「へー，君は私のプロジェクトのことを知ってるんだ。誰かに聞いたの？」

「はい，会社のサイトの『My Project』にアップされているのを見ました」

まなぶ君が事前に勉強していることを知って，赤坂さんは喜んでプロジェ
クトの話をしてくれました。周りの情況を見て，自分のできることを見つけ
て実行しているまなぶ君。情況把握力がついてきたようですね。

【情況把握力を培う3つのステップ】

① 自分の周囲の情況の理解に努め，何が課題かを把握する。

② 自分に何ができるか，何を期待されているのかを考える。

③ どんなに小さなことでも，自分にできることを実行する。

COLUMN

メタ認知

「メタ認知」という言葉を聞いたことがありますか？ メタ認知は，米国の心理学者であるジョン・H・フラベルによって，1970年に提唱された概念です。

「メタ」とは「高次元の」という意味で，メタ認知とは，自分の認知行動（知覚，記憶，言語，学習，思考など）を，より高い次元から客観的に認識し，制御する能力とされています。まなぶ君のエピソードでも出てきた，「第三者的に」「俯瞰的に」自分を見るというのが，まさにメタ認知です。

●セルフモニタリングとセルフコントロール●

メタ認知には，2つの側面があります。

ひとつは自分の認知や行動について，少し上の視点から俯瞰してみる，自分のことをもう一人の自分が見る，といった側面です（セルフモニタリング）。

もうひとつは，自分がいる場の状況を考え，そこでどんな行動をとれば一番適切なのかを，周囲をモニターしながら調整するという側面です（セルフコントロール）。

図4-1　メタ認知のイメージ
（細谷, 2016, p.4を元に著者作成）

第4章「情況把握力」の巻　●●● *43*

　つまりメタ認知能力とは，自分の行動について，置かれている情況と照らし合わせて適切かどうかを，客観的に見て適宜修正するという能力です。いわゆる「空気が読めない」と言われる人は，メタ認知能力が低い可能性があるかもしれません。

　一つ上の次元から見ることによって，図4-1にあるように，気づいていない領域に気づくことができます。「レポートを書き上げた後の見直しは，一晩寝てからのほうが良い」と言われたことがありませんか。一晩寝ることによって頭がリセットされ，翌朝には，まるで他人の書いたレポートを見るように冷静に見直すことができ，書いたときには気づかなかったことに気づけた，いう経験がある人は少なくないと思います。それが俯瞰的に，客観的に見る，ということです。

●メタ認知力の鍛え方●

　では，どうしたらメタ認知力を鍛えることができるのでしょうか。細谷(2016)[*3]は，日常生活でそれを実践するためのヒントを挙げています。そのひとつは，「自分に突っ込みを入れる」こと。自分の考えや行動について，「本当にこれで良いのか」と，もう一人の自分の視点から疑問を持ち，自分に突っ込みを入れてみることは，自分の情況を客観的にとらえる訓練になるそうです。

　また「疑ってかかる」こともトレーニングになると，細谷は言っています。相手の言うことを容易には信じず，Whyを繰り返すことで客観的なものの見方ができるようになります。自動車会社のトヨタは改善（カイゼン）運動で有名ですが，改善すべき点を見つけるときには，**Whyを5回繰り返す**のだそうです。Whyを繰り返していくうちに，それまでは良いと思っていたことにも，改善できる点があることに気づくということなのでしょう。

　このように日頃から，自分や周囲に突っ込みを入れたり，疑問を持ったりする癖をつけることによってメタ認知力を高めることは，自分や自分の周りの環境を変えるような新しい発想や行動にもつながります。

＊3　細谷功（2016）『メタ思考トレーニング——発想力が飛躍的にアップする34問』
　　PHP研究所

「情況把握力」を学んだ皆さんへ

　仕事をするときに陥りがちなのが,「私はこれがやりたい」「私はこれができる」ことにこだわってしまうことです。もちろん,自分の希望や得意分野をアピールするのは,社会人として必要な要素のひとつです。ただ,それが今,必要とされていないことだとしたら,「ふーん,それで？」となってしまいます。あなたの仕事が会社の役に立たないと意味がないのです。

　自分のやりたいこと,自分のできること,そして周囲に求められていることを見きわめることの重要性は,もうおわかりですよね？ さあ,あなたの職場で,あなたの周囲で,今求められていることは何か,よく見きわめることからスタートしましょう。

先輩からのエール

——古市盛久さん
（株）御用聞き 代表取締役社長

◆ポイントは俯瞰した視野◆

　ソーシャルビジネス事業「御用聞き」では，生活支援活動と地域支援活動を行っています。一人の人と向き合うだけでも大変です。しかし，生活者を取り巻く環境はさまざま。公的機関，医療機関，介護事業者，家族，近所などなど，一人の生活者が抱える問題を「どう把握し，どう処理し，どう共有するか」が求められます。情況把握力なくして御用聞きは成り立ちません。

　ですが，情況把握はあくまで"把握"でしかありません。把握した情況をどう行動につなげるか。情況判断と実行，この一連の能力は，すべて経験量で向上していきます。ぜひ皆さん，さまざまな経験を積んで情況把握力を上げてください。このスキルを上げると楽しいですよ。能力の向上は「経験の積み重ね×キッカケ」です。ぜひ，楽しみながら経験を積んでください。

写真1　照明カバーを利用者さんと一緒にお掃除

Question ①：大学生の頃，どんなときに情況把握力が必要だと感じましたか？

Answer——

　① 効率よく大学を卒業するために情況把握力が必要でした（笑）。「大学から発信されるオフィシャルな情報」「先輩や友人から発信される情報」「担当の教授から直接入手した情報」，この３つの情報をバランスよく組み立て，いかに効率的に最低限必要な単位を取るかをプランニングしていました。

　② 大学1年生から週6日，近くの町道場で合気道を学んでいました。1対1の練習が基本ですが，なかには多人数掛けもありました。多人数掛けでは，周囲の情況把握を誤ると後ろから殴られる，という恐ろしい事態に陥ります（泣）。短刀取り，木剣取り，杖取りなどなど，情況処理の反射神経を養えたのは，ライフワークであった合気道の影響がとても大きかったです。

　③ 大学3年のとき，同居していた祖父が癌で他界しました。おじいちゃん子だった私は，大変な不安と精神的ショックがありました。癌という病はすぐに死を迎えるというものではなく，徐々に転移が進み，死を迎える病気です。「何とか食い止めたい」「何か突破口があるのではないか」。当人も家族も私も必死に方策を探しました。本人の情況，医師の情報，世の中に流通する情報，家族との会話。人生が変わるいくつかの大きい節目に，家族の「死」があります。大切な家族のケア，明確な解決策のない病。悲しい想い出ですが，情況把握力が求められた出来事でした。

Question ②：社会人になってから情況把握力をどうやって伸ばしたのですか？

Answer——一言でいうと「場数（経験数）」です。

　① 私は10カ月だけ，大手企業でサラリーマンをしていました。既存の決められた書類，ルール，組織内のバランスを知るのに必死でした。「早く仕事を覚えないとヤバイ」と切羽詰まった環境で，結果的に情況把握力は上がりました。

　② 起業して約10年は，不動産業で経営を行っていました。私が取り扱っていた案件は，1件あたり数十億の案件でした。小さい企業なので，1件の損失を出すだけで，会社が存亡の危機を迎えるわけです。案件に関わる数十人の関係者との調整業務，クライアントとの商談のなかで，情況把握力は飛躍的に上がりました。

　③ 御用聞き活動（生活支援）は，対人関係の密度が特に濃いサービスです。年配の方では，言葉に出す内容と心の中で感じていることに，大きなギャップがあるケースも多々存在します。服装，部屋の中のモノ，表情，空気感など，さま

ざまな状況からご本人を「察する」訓練を行いました。しかるべき情報を導き出す情況判断能力は，御用聞きで培われました。

Question ③：社会人として情況把握力の大事さを実感するのはどんなときですか？
Answer ——社会人として，特に起業家として最も必要な能力のひとつが，情況把握力です。日々経営を行うなかで痛感します。起業家として感じる情況把握の力は次の3つです。
① 情報を集める力
　さまざまに存在する情報をピックアップするのは，ひとつの能力です。「えっ，そんな情報どこから集めてきたの？」というように，大勢が見落としている，または気づかない情報こそ，価値が高いものです。
② 情報から生み出す力
　集めた情報を並べることは誰にでもできます。集めた情報から何を見出すか。そこに新たな価値が生まれます。
③ 情況を把握する力
　さまざまな情報のなかで全体の情況，自身の情況を的確に把握する力が大事です。
　これら3つの要素から把握した情況を判断に変えていくこと（情況判断）で，活動が切り拓かれていきます。

写真2　打ち合わせ風景
（著名な経営者が御用聞きをサポートしてくれています）

第5章 「計画力」の巻
—— 課題の解決に向けたプロセスを明らかにし準備する力

―― **計画力の奥義** ――

社会人たるもの"締め切り"だけを意識するのは危険……。不測の事態もあるもの。複数のプランと余裕を持って，計画的に準備すべし！

その後，基礎まなぶくんは……

【入社1年目の11月】 新人は例年，忘年会の幹事をやると決まっているらしい。「これをやらせれば，だいたい将来の仕事の出来っぷりがわかる」って，早くもハードル上げられてる。確かに"絶賛！ 変革月間中"でみんな忙しそうだから，新人がやるんだろうな。でも，やるからには成功させたい。それに，最近職場の雰囲気がギスギスしていて，話しかけづらいこともしょっちゅうだ。ここは幹事としてぜひとも，和やかさを取り戻す会にしたい。居酒屋じゃなくてお洒落な店がいいのかなぁ？ 品川部長は，飲み放題絶対付けてねって言うし（汗）。会社からの補助金を使って，思い切って屋形船とか行っちゃう?! いずれにせよ，早めに日程調整だな。そうだ，キャンセル期限も確認しないと。あと，乾杯や挨拶してもらう人たちにも，お願いしなくては。

社会人になると「計画力が成功の鍵になる」と言っても過言ではありません。仕事上での漏れ、遅れ、失敗は、計画をおろそかにしていることから発生します。

まなぶ君は忘年会の幹事を任されたようです。そして成功させたいと、あれこれ考えています。ここからは、まなぶ君のケースで想定される行動を、解説していきます。

現時点でまなぶ君は、以下のことを考えています。

① 和やかさを取り戻す会にしたい。
② 居酒屋にするか、お洒落なお店にするか。
③ 飲み放題も必要。
④ 会社の補助があれば屋形船も可能。
⑤ 部員の参加できる日程を調整。
⑥ お店へのキャンセル期限の確認が必要。
⑦ 挨拶してもらう人たちに、お願いをしておく。

決定すべき要素を明確にする

一般的に、飲み会の幹事は以下の確認・決定を段取りすることが任務です。

この4つの要素を、どのように進めていくのがよいのでしょうか。

【幹事パターン①】

日程を決めてからの参加者確認なので、出欠の確認が一度で済みます。また、参加人数が決定してからのお店予約なので、スムーズにいけば効率的な流れです。

ただし，日程を先に決めているので，都合が悪い参加者が予想以上に発生するリスク，挨拶をお願いする予定の人たちの日程が合わないリスクもあります。

【幹事パターン②】

参加希望者を確認してからの日程調整なので，3つのパターンのうち，一番多くの参加者が期待できます。

ただし，参加者の確認と日程調整に時間を要した場合，忘年会シーズンのお店の空きが少なくなり，選択肢が限定されます。結果，空きがあるお店を探すのに時間を要したり，希望の飲み会プランが実現できないリスクがあります。

【幹事パターン③】

お店を決める工程が前のほうに来ているため，お店選びの選択肢は比較的余裕があります。

ただし，参加人数決定前にお店を予約しているので，参加人数次第ではお店の広さに対応できない場合があり，お店探しからやり直す必要が出るというリスクがあります。

また，この3パターンに共通することがあります。

① 作業を直列で並べており，全工程の終了までに時間がかかる。
② どの作業をいつまでに行うべきかが明確ではない。
③ 作業内容が大まかなため，抜けや漏れが発生する可能性がある。
④ それぞれにリスクがあり，回避策が検討されていない。また，ここでは洗い出されていないリスクもある。

第5章「計画力」の巻　●●● *51*

⑤飲み会としての段取りはできているが，目的の達成については曖昧。

　では，まなぶ君が考える忘年会を成功させるためには，どのような計画を
すればよいのでしょうか。「計画」というと，「いつまでに何をする」という
予定表を思い浮かべる人が多いと思います。しかし，計画にはそれ以外にも
さまざまな要素が含まれるのです。これらを事前に洗い出す力こそが「計画
力」といえます。

　以下に進め方のポイントを説明します。

（1）目的と要件を明確にする

　どのような目的で開催するのか，どのような会にするのかを明確にしてお
きます。タイトルのようなものです。今回の場合は，「和やかさを取り戻す
会にしたい」「飲み放題プランにする」ということが要件として読み取れます。

　また，忘年会の開催時期も重要な要件のひとつです。12月の上旬がよい
のか中旬がよいのか，会社の繁忙により判断が必要な場合もあります。

　そして大切なのは，この目的と要件を，参加予定者に確認・共有しておく
ことです。これをしておけば，あとから全体の計画を大きく変更するリスク
を回避することができます。

（2）優先順位を決める

　要件が複数ある場合には，優先順位を決定しておきます。たとえば，屋形
船に飲み放題プランがなかった場合，屋形船にすることが優先なのか，飲み
放題プランのあるお店にすることが優先なのかを確認しておくと，スムーズ
です。このほか，日程を第一優先にするのか，参加人数を第一優先にするの
かも，相談しておきましょう。

（3）すべての作業を書き出す

　「日程」「お店」「参加者」「飲み会プラン」の確認や決定をするためには，
具体的にどのような「作業」が必要なのかを洗い出し，書き出します。ここ
で漏れがあると，直前に再調整が発生したり，急ぎ作業が発生することにつ

ながります。たとえば「参加者」に含まれる作業だけでも，「出欠確認サイトの構築」「出欠入力依頼メール」「出欠催促メール」「出欠人数確定」が挙げられます。

(4) 作業の期限と順序を決める

作業の洗い出しが終わったら，終了日（＝忘年会日）からさかのぼり，それぞれの作業を，「どのタイミングで」「いつまでに」行うかを決定します。この作業は非常に重要です。いつから着手すべきかを明確にしておかないために，作業開始が遅れることがよくあります。

また，「AとBの作業は同時に進められる」「Aが終わらないとBには進めない」といった作業順序を把握しておかないと，効率が悪く，戻り作業の発生にもつながります。逆に，この作業を十分に行っておけば，あとは手を動かすだけ。計画の大半はこの作業にかかっている，といっても過言ではありません。

(5) 協力者への依頼

全作業工程を洗い出し，協力者や依頼者が必要かを判断します。目的や要件を達成するために，協力者がいたほうがスムーズに進む場合には，積極的に協力をお願いすることも成功の秘訣です。協力者が余裕をもって作業できるよう，依頼は早めに行ってください。

(6) リスク予測

リスクを予測し，対策を検討しておくことで，実際にリスクが発生した場合でも，スムーズに対応ができます。特に，忘年会のような大人数で開催されるようなイベントの場合，自分が思うように進まないことがあることを，あらかじめ理解しておく必要があります。

全体像を可視化し把握する

6つのポイントを計画表にまとめたものが，以下の例になります。

忘年会幹事計画書の例

【目的】 部員の8割以上が参加する、和やかな忘年会を開催
【要件】 部長の参加は必須／飲み放題プランつき／12月20日前後に開催

大項目	作業項目	協力担当	期限	11月中旬	11月下旬	12月上旬	12月中旬
日程の決定	部長の予定を確認	品川部長	11/20	→			
	日程候補を挙げる		11/22		→		
	日程投票を行う		11/30		→		
	日程を決定する		11/30		★		
出欠確認	出欠サイトの構築		12/3		→		
	出欠入力のお願い		12/4			★	
	出欠入力の催促		12/12				★
	出欠人数確定		12/14				★
費用の決定	会社からの補助金確認	大塚さん	11/30		→		
	料理内容を決定		12/10				★
お店の予約	お店の候補を探す		11/25		→		
	候補のお店空き状況の確認		11/30		→		
	仮人数で予約		12/1			★	
	キャンセル期限の確認		12/1			★	
	予約人数の最終連絡		要確認				
開催案内	開催案内メールを送る		12/2			★	
当日の段取り	乾杯挨拶の依頼	大崎係長	12/15				★
	締めの挨拶の依頼	品川部長	12/15				★
	事前に集金を行う	大塚さん	当日				★

【リスクと回避策案】
・当日遅れて参加する人がいる：遅れて参加する場合も同じ料金だと案内しておく。
・ドタキャンする人がいる：事前にお金を集めておく。
・出欠の返信を出さない人がいる：締め切りを早めに設定し、催促をする時間を設ける。
・会社からの補助が不安：補助金は早めに確認する。受け取れない場合は居酒屋にする。
・仮予約人数からの大幅な変更：昨年の参加実績から予測しておく。

ポイントを押さえた進め方をすれば，開催予定日からさかのぼり，いつまでに何をすべきかを計画できます。また，同時進行で行えるものがあること

もわかりますし，優先的に作業しておくべきことも見えてきます。たとえば，今回の要件のひとつに，「部長の参加は必須」というものがありますので，この工程のスタートは，「部長の予定を確認」するところから始めることも明確になります。

社会に出てプロジェクトに関わると，このような表を目にする機会があります。このように，各工程を各担当者の作業レベルまで展開しまとめたものを，「WBS（Work Breakdown Structure）」と呼びます。飲み会の成功も「プロジェクト」と考えると，わかりやすいかもしれません。

COLUMN

クリティカルパス

先ほど説明した「WBS」と同様，プロジェクトを計画するうえでよく利用されるのが，「クリティカルパス」です。

クリティカルパスとは，それぞれの工程の期間と，前が終わらないと次に進めない工程を，図で示したものです。クリティカルパスの長さは，プロジェクトの長さを示します。

下の例の場合のクリティカルパスは，0⇒1⇒2⇒3⇒5⇒6の順となり，このプロジェクトは最低でも20日かかることがわかります。たとえば，「C」の工程を1日短縮して4日にしても，「B」の工程が7日要する限り「5」には進めないため，意味がありません。逆に，Bの工程が1日短縮されれば，プロジェクトは19日で終了することができます。

この図はIT業界では一般的で，情報処理試験に必ず出題されます。

「プロジェクト」という

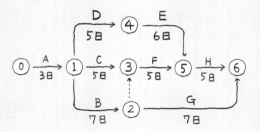

と大げさに聞こえますが，飲み会を開催するのも，社員旅行を開催するのも，すべてプロジェクトと考えられます。また，普段の生活のなかでは，「料理」もプロジェクトに当てはめることができます。

たとえば，カレーライスを作ることをプロジェクトと考えた場合，以下のようなクリティカルパスとなります。

A：米を研ぐ（5分）　　　E：具材を切る（10分）
B：野菜を買いにいく（30分）　F：具材を炒める（10分）
C：米を水につける（30分）　G：カレーを煮込む（30分）
D：米を炊く（40分）

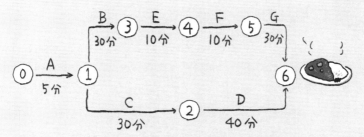

クリティカルパスで考えると，所要時間が最短で85分だということがわかります。このように考えれば，一番先にB：「野菜を買いにいく」選択はしません。このことからも，すべての工程を洗い出し，それぞれの所要時間を想定することが大切だと，わかるのではないでしょうか。

そして，必ず意識しなければならないのは「期限」です。期限を決めていない場合，いつから開始すべきか明確になりません。カレーライスの例では，「夕食時間」が期限です。19時に食べ始めたい場合は，17時35分に米を研ぐことから始めればよいとわかります。

生活では，慣れている作業であれば，クリティカルパスを意識せずとも経験から時間を逆算して，準備を始めることができますし，時間が足りない場合には，多少時間を短縮しても問題がないケースも多々あります。たとえば，帰宅が遅くなった場合，食事の時間を遅らせてもよいし，少しご飯が固くてよいなら，米を水につける時間を短縮することも考えられます。

しかし，仕事ではそうはいきません。期限と品質を守る必要があります。また，組織のなかで業務を行っている場合は，一人ひとりがクリティカルパスの一要素となります。自分の作業が遅れることで，全体の進捗の遅れにつながることを，常に意識しなければなりません。自分ひとりの作業もプロジェクトととらえ，やるべきことを分解して期限を決め，作業をする日や時間を決めます。このように，自分自身をマネジメントするためのツールとして，WBSやクリティカルパスの考え方を知っておくと，さまざまなシーンで活用できます。

ポイント3 計画力はミッションを達成するための段取り力

　計画は，ミッションを達成するために行います。すべての仕事には締め切りがあります。そして目指すべき品質や目的があります。締め切りを意識しないものは仕事ではありません。趣味や芸術の領域です。これらは，納得のいく品質になるまで完成日を延期したり，やり直しを行ったりすることもできるからです。

　塗り絵を例に，説明します。

　「1メートル四方のバラの絵を，5日後までに塗りつぶす」というミッションを3人に課したとします。

Aさん

Bさん

Cさん

期限までに提出　　　　　　　　　　　　　　期限を過ぎて提出

5日後，AさんとBさんからこのような提出がありました。Aさんの塗り絵は雑ではありますが，すべて塗りつぶされています。一方，Bさんの塗り絵は，綺麗に塗られていますが途中までです。

Cさんは完成していないことを理由に期限までに提出せず，遅れて綺麗な完成品を提出しました。

3名のうち「計画力」があるのは，Aさんです。「やるかやらないかなので，実行力では？」と思うでしょうか。Aさんは5日で塗りつぶすためにどれくらい時間がかかるか，どのようなペースで進めればよいかを考えました。そして，何よりも「完成させる」ことが最優先と考え，時間が余れば濃く塗ることも想定して，全体を薄く塗りはじめることから始めました。BさんやCさんより品質は落ちますが，結果全体が塗り終わっているという意味では完成はしています。Bさんは端から濃く丁寧に塗ることを優先した結果，時間切れとなっています。Cさんは品質が最も高いのですが，期限を過ぎています。

このように，今回のミッションは「バラの塗り絵を5日後までに提出」です。Cさんは，綺麗さではAさんより勝っています。しかし，「濃く綺麗に」という要件はありません。つまり，求められている品質以上のものを目指した結果，完成遅延となったのです。遅延でタイミングを逃した場合，完成物が不要となるケースもあります。いくら綺麗な完成品ができても，不要となっては意味がないのです。

計画力は「スケジュールを作成する力」ではありません。**ミッションを達成するために「締め切りを守る力」と「求められている品質を担保する」ことを実行するための段取りをする力**です。そういう意味では，実行力と密接な関係があります（実行力については第10章参照）。計画に不足や無理があれば，実行フェーズに影響します。それは計画力があるとはいえません。「計画をする」ことが目的になっていて，その先の達成すべきことがイメージできていないことになります。

また，計画で忘れてはならないのは，「締め切り」を守るために「いつやるか」を決めることです。実行日時を計画しないために遅延するケースを多く見かけます。これを回避するためには，自分のスケジュールを自分で予約するこ

とです。締め切りまでにまだ時間があっても，自分のスケジュールが他の予定で埋まっていたら，いつになっても実行できません。また，予備日や遅延の際の対策のようなリスク対応計画も含めておきます。

そして，計画することの最大のメリットは効率をあげることだと考えます。「少しでも早く行動することが大切」と，まずは手を動かしてしまいがちですが，全体が見えないうちに手を動かすと作業の戻りや遅延などの失敗を招きます。

このように，計画力は物事を実行するための基礎となります。そして計画力の有無は仕事の効率にも大きく影響します。計画力を身につけていれば，自分の仕事，チームの仕事がスムーズに進み，働くことが楽しくなります。

計画力は，自分をマネジメントすることにもつながります。計画力がしっかりできていれば，行動もしっかりできます。その都度考えながら進む必要がないので，効率的です。結果的に，遅れや漏れを防ぐことができるのです。また，さなざまな計画を経験すると，計画することの「型」が身につきます。これは，自転車の運転のように，一度身につくと永久的に使える力となります。そして，計画ができれば，あとは実行するだけ。実行力は計画力の上に成り立っているといえます。

> **計画力を培う３つのポイント**
> ① 決定すべき要素を洗い出す。
> ② その都度考えて進めるのではなく，全体像を明らかにしておく。
> 　　→全体像を可視化し把握する。
> ③ 計画力は実行力につながる。また，経験によりいろいろな計画
> 　　力の型が身につき，使えるようになる。

「計画力」を学んだ皆さんへ

　計画力は，誰でも意識と訓練で身につくものです。朝の身支度・料理などの日常的な作業も，日々の作業も，**タスクや段取りを意識する人としない人では，明らかに効率が違います**。"計画の経験数"を増やしておくと，新たな仕事に直面した際に強みになります。持っている型を組み合わせたり，応用したりすれば良いのです。計画力は新たなことにチャレンジすることの大きな助けになるでしょう。

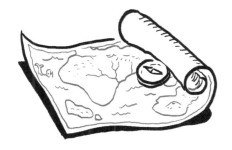

先輩からのエール

——嶺田有希さん

日本アイ・ビー・エム（株）

　あなたは「計画力」と聞いて，何を思い浮かべるでしょうか。私は，計画力とは特別な何かではなく，まさに日々の生活であなたが普通にやっていることすべてだと思います。明日着ていく洋服を決めるのも計画，旅行の予定を立てるのも計画です。では，そこに必要になる要素とは何でしょう。私は以下の3つであると考えます。

先読み力	先々，何が起きそうですか？
曲げられない信念	突発的な何かが起きたときに，決して譲れないものは何ですか？
自己診断力	今，うまくいっていますか？

◆「**先読み力**」を鍛えよう◆

　日々の生活でも仕事でも，多かれ少なかれ人は常に計画しています。たとえば，明日は寒くなりそうだから長袖を着ていこうとか，雨が降りそうだから傘を持っていこうとか。でも，想定と違ったとき，人はとてもあわてます。寒いと思って長袖を着ていったとしても，もしかしたら予想に反して日中には気温がぐんぐん上がるかもしれません。そんなとき，「もしかしたら，ここ最近の異常気象で日中は暑いかもしれない，そうだ，半袖にパーカーを羽織るスタイルで行こう！」。これが**先読み力**です。

　緻密に計画できるということは，さまざまなことを先読みして，あらかじめ計画に入れておくことができるか，ということです。仕事においては「リスク管理」の範疇にもなりますが，さまざまに起きうる事象をあらかじめ想定して計画していくことは，計画を実行するフェーズにおいて心穏やかに過ごすためにも，極め

て重要です。

◆曲げられない信念◆

　仕事をベースに考えると，最初に作成した計画そのままに最後まで行き着くことは，ほぼ無いと思います。必ず，あれほどまでに先読みして計画を立てたのに，思っていたよりもタスク消化に時間がかかったり，想定外のことが発生するものです。そんなときに，計画通りに進めるべく，がむしゃらに頑張ることも時には必要ですが，結果につながらないことも多くあります。このような場合は計画を見直すことになるのですが，そこで重要になるのが**曲げられない信念**です。

　その計画を遂行するにあたり，最後まで守らなければならないものは何か，制約事項は何か，ということです。仕事においては「期日」が最も重要なこともあれば，「予算」が最も重要なこともあります。「品質」を絶対に守るべきときもあります。しかし，計画に変更が発生した時点で，何かをあきらめてトレードオフしなければいけないケースが，極めて多いのです。その場合，最初に計画するときに，「曲げられない信念」を定めておくことが重要となります。これがないと変更要素が多すぎて，適切な変更ができません。曲げられないものは「期日」なのか，「予算」なのか，「品質」なのか。計画変更を適切なタイミングと適切な内容で実施することも，計画を最後まで遂行し，目的や目標を達成するために重要な要素なのです。

◆自己診断力◆

　そして，計画の最初から最後まで，一貫して要求される要素が**自己診断力**です。計画を遂行するにあたり，「今自分はうまくいっているか」について，常に**予定**と**実績**を偽りなく明確にし，診断し続けることが重要です。「予定」と「実績」に差異が認められたとき，**曲げられない信念**に基づいて計画を変更するのですが，それもすべて，正しい予実診断があっての変更であることを忘れないでください。

　会社におけるプロジェクトは自分一人で進められるものではなく，複数のメンバーや，お客様も含めた多くのステークホルダー（利害関係者）の元で遂行されることがほとんどです。突発的な事象や，あるステークホルダーによる想定外の発言・行動など，さまざまな事象が発生することを前提に，まずはある程度の余裕を持った計画を立てて，正しく自己診断を積み重ねながら，ときには適切に計画を変更しながら進捗すること，まさに**曲げられない信念**に基づき，**先読みしな**

がら計画を立て，**自己診断**しながらゴールまでたどり着く，その先に「やりきった！」という達成感が待っています。

Question ①：大学生の頃，どんなときに計画力が必要だと感じましたか？

Answer——あまり大学生活を計画的に過ごした記憶はありませんが，強いて言うならば，私は工学系（化学系）の学生でしたので，実験に際してはある程度，計画力が求められたように思います。ただ闇雲に実験を進めるのではなく，ある程度の仮説に基づき実験をし，結果を検証しながら次のステップに進む，という具合でした。想定外の結果が出ることも多かったですが，化学系の実験には人間関係が介在しないので，社会生活や会社でのプロジェクトにおける計画よりも単純だったと記憶しています。

Question ②：社会人になってから計画力をどうやって伸ばしたのですか？

Answer——社会人になって最初は，まずは今日1日やることを書き出すくらいのことしか，できなかったと思います。そこから徐々に，仕事を項目分類（大項目から小項目へのブレークダウンなど）できるようになり，発生しうるリスクについても想像力が鍛えられ，あらかじめ想定できるようになったように思います。あとは，想定外の事象が発生したときの判断を積み重ねながら，次の計画策定に生かすといった，繰り返しのトレーニングだったように思います。

Question ③：社会人として計画力の大事さを実感するのはどんなときですか？

Answer——社会人となると，自分自身や自分のプロジェクトについて計画を立てることももちろん重要ですが，その計画や進捗状況を他者（お客様や社内マネージメント，エグゼクティブ）に説明することも，大切な仕事になってきます。この他者への説明に際し，いかにお客様や社内から信用・信頼を得るかが重要であり，その場合，その計画がさまざまな想定に基づき緻密に立てられたものか，リスクは何か，などを説得力を持って示せることが大切です。そのためにも，信念を持って想定外の事象にも耐えうる計画を立て，またプロジェクトの状態は健康か否かについて継続的に診断し，理路整然と説明できることが極めて重要です。

大学生の頃はあまり意識しなかった「計画力」ですが，社会人となると，常に計画しながら実行し，さらに計画を変更して仕事を進めることが多くなります。学生生活のなかで計画力を磨くというよりも，社会人となり仕事をしていくなかで，意識的に「計画と自己診断」を重ねることで自然と高まっていく力だと思いますので，過度に意識せずに，少しずつ日々の仕事に取り入れていきましょう。

第6章 「ストレス コントロール力」の巻
——ストレスの発生源に対応する力

ストレスコントロール力の奥義

職場には，ストレスの原因になるものがたくさんある。だから，ただ耐えるというよりは，うまくコントロールする術（コーピング）を，身につけるべし！

その後，基礎まなぶ君は……

【入社2年目の4月】　オフィスが近くの新しいビルへ移転して，部も2つに分かれた（現事業と新規事業）。品川部長は当面兼務するみたいだ。階も分かれ，誰がどこにいるのかもよくわからず，ちょっとしたカオス状態。僕は新規事業のほうに所属となったが，アイデア出しの会議とか，ちょっとした相談とか，前みたいにスムーズにいかず，ストレス溜まる。

　この間，久しぶりにきゃりあちゃんと夜，飲みに行ったら，最近は在宅ワークやリモートオフィスとかで，会社の外で仕事をする人も多いって言ってた。オンラインでやりとりさえできれば，とりあえずほとんどの仕事はOKらしいが，そんなもんかぁ……。

　5月には入社9年目の先輩が育休（出産・育児休業）に入り，ベテランの先輩も親の介護で時短（時間短縮勤務制度）を使うことになった。そのうえもう一人，転職するらしい。おかげで残業倍増だー（汗）。正直，庶務がむちゃくちゃ回ってくるけど，ほかのみんなも頑張っているし，僕も文句なんか言わず頑張るしかないか。でも，みんな疲れ切ってて，表情がかたい。

第6章「ストレスコントロール力」の巻 ●●● 65

品川部長も機嫌が悪い。自分の思いどおりに仕事が進まないから，最近いつもイライラしている。あの緊迫感，いやだなあ。おとといも「ちゃんと仕事してる？」って言われたけど，僕だって先週は土日も出たし，平日も家に寝に帰るような日々。最近体は疲れてるのによく眠れない。朝4時くらいに目が覚めるといろいろ考えちゃって……。

こんなときでも，渋谷先輩はいつも淡々と，しなやかに仕事をこなしている感じだ。なんか秘訣でもあるのかと思って，昼飯に行ったとき聞いてみた。すると，「コーピングって知ってるか？」って……何だ？

ポイント1 ストレスコントロール力（ストレスコーピング）はスキルであり，学べる

皆さんは，「コーピング」という言葉を聞いたことがありますか。まなぶ君は今回初めて聞いたようです。正式には「ストレスコーピング」で，通称「コーピング」と言われます。

ここで，2つの言葉が新しく出てきました。「ストレス」と，「コーピング」という用語です。大事な言葉ですので，確認しておきましょう。

（1）ストレスとは

ふだん何気なく使う「ストレス」という言葉は，2つの意味を含んでいます。「ストレッサー（外部からの刺激）」と「ストレス反応（心身が示したゆがみや変調）」です[1]。「最近，大学のゼミがストレスで」というときの"ストレス"は「ストレッサー」を，「ゼミの直前には毎回胃が痛いんだよ，これって絶対ストレスだよね」というときの"ストレス"は「ストレス反応」のことを意味しています。

私たちは，日常のちょっとしたストレッサーには，それを押し返す力であるストレス抵抗力を持っています。ところが，ストレッサーが強くなりすぎると，均衡がとれなくなって病気になってしまいます（図6-1）。

___

[1] 福間詳（2017）『ストレスのはなし——メカニズムと対処法』中央公論新社。

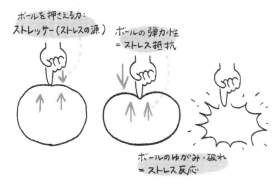

図6-1　ストレスとは何か

　ストレッサーには，暑さ・寒さ，騒音，空気がよどんでいる，などの**物理的環境**の要因や，無理を押しつける上司，言うことを聞かない部下，終わらない仕事，家庭の問題などの**心理的・社会的要因**が考えられます。ストレス反応，つまりストレッサーによって生じる心身の反応としては，以下の3つがあります。

---
① 心理面──イライラする，不安になる，鬱々とする。
② 身体面──動悸がする，胃や腹が痛くなる，汗をかく，睡眠の不調，
　　　　　　免疫力低下など。
③ 行動面──仕事の能率の低下，満足感の低下，喫煙や過度の飲酒，
　　　　　　欠勤など。

　同じストレッサーを受けても，必ずストレス反応が出るとは限りません。ストレス反応の出方には，性や年齢，遺伝要因，後述するストレスコーピング，周囲からのサポートの高低などが関わってくるからです（図6-2）。
　まず，自分はどのようなストレス反応が出やすいのか，あらかじめ知っておくことが大事です。そうすると，そのストレス反応が出るかどうかをモニタリングすることで，今のタイミングはストレッサーに対処したほうがいい

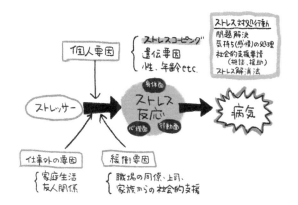

図6-2 職業性ストレスの仕組み
(NIOSH職業性モデル〈Hurrell & McLaney, 1988〉を改変)

状況かを，知ることができます。

(2)「コーピング＝ストレスをコントロールする方法」は習得できる

またストレッサー－ストレス反応の関係は「職業ストレスモデル」で表されます（図6-2）[2]。ストレッサーがストレス反応につながるためには個人要因が関連しています。この個人要因の中にある"ストレスコーピング"，通称「コーピング」とは，ストレッサーに対処する，コントロールする方法のことです。何をストレッサーとして感じるかという，本人の物事のとらえ方を含めることもあります。

私たちが知らず知らずのうちにとらえているストレッサーや，選んでいるコーピングは，生まれてから今までの経験や，近しい人から学んだ知識，性別や遺伝的なものに左右されるため，偏っています。**コーピングを状況に応じて偏りが少なくなるように選べるようになる**と，ストレッサーにうまく対処できたり，自分の味方につけて，モチベーションアップにつなげたりする

---

[2] Hurrell, J. J. Jr. & McLaney, M. A. (1988) Exposure to job stress: A new psychometric instrument. *Scandinavian Journal of Work, Environment & Health*, 14 Suppl 1, 27-28. doi:1985.

ことができます。つまり、**コーピングは習得することができるスキル**なのです。

(3) コーピングのひとつである「問題解決法」

コーピングの選択戦略には、いくつかの枠組みがあります。今回は、最も取り組みやすい枠組みのひとつである、「問題解決法」を紹介します[*3,4]。

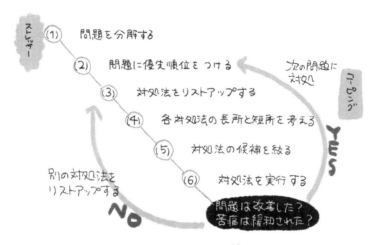

図6-3　問題解決法[*3]

問題解決法には6つのステップがあります。後述する「ポイント2」「ポイント3」の(1)〜(6)の順に考え、対処法を実行した後に問題が解決したか、ストレス反応が改善したかを、それぞれ考えてみます。「成功した！」というときには、次の問題に対処します。「うーん、いまいちだったな」というときには(3)に戻り、別の対処法をリストアップしてみるのです（図6-3）。

それでは、これからまなぶ君の「問題解決法」を例に、順を追って一緒に考えてみましょう。

---

*3　島津明人（2003）『じょうずなストレス対処（コーピング）のためのトレーニングブック――働く人のメンタルヘルス：セルフケア用』法研。
*4　大野裕（2003）『こころが晴れるノート――うつと不安の認知療法自習帳』創元社。

ストレスコーピングの第1歩——
ストレス源(ストレッサー)をはっきりさせる

(1) ストレッサーの抽出

まなぶ君が持っているストレッサーについて抜き出します。皆さんも考えてみてください。

【ストレッサーの一例】
① 組織変更(指示命令系統の変更,職場環境の変更,業務内容の変更)。
② マンパワーの低下(先輩2名離脱,1名時短勤務)に伴う業務量増加。
③ 残業が倍増して,平日は家に寝に帰るだけ,土日も出勤している状況。
④ 周囲の社員が疲れていて表情が暗い(ことで雰囲気が悪い)。
⑤ 機嫌の悪い部長と,部長から与えられる緊張感。
⑥ 残業の倍増に伴い,家族や友人と十分な時間が取れないという,ワークライフバランスの問題。

誰でもつらいストレス反応が出そうな状況です。実際に,まなぶ君は職場での不公平感を感じ,体は疲れているのによく眠れず,朝4時に目が覚めていろいろ考えてしまう状況となっています。

(2) ストレッサーへの対処順を決める

先に挙げたストレッサーについて,対処する優先度の判断を行います。優先度の判断の際,重視する6つの視点があります(図6-4)。**自分にとって取り組みやすく,取り組む意義があるものを選ぶのがポイントです。**

ストレッサーをはっきり認識することができると,これだけでもストレス反応が和らぐことがあります。それでは,もう少し進んでみましょう。

1つ1つのストレッサーについてこのチェックリストを使い，
点数を比べて優先度を判断します。点数が高いほど優先度が高くなります。

優先度の判断基準	点数 1点…あてはまらない 2点…ややあてはまる 3点…あてはまる
1　わたし自身が対処することは本当に必要だ	点
2　ただちに対処する必要がある	点
3　その状況に対処することは可能だ	点
4　似たような経験をしたことがある	点
5　周囲からのサポートは期待できる	点
6　その問題は長期間続きそうだ	点
合計	点

図6-4　優先度のチェックリスト

多くのアイデアを出して，取り組みやすいものから始めよう

(3) 対処法をリストアップする

　次に（2）で選んだ優先度の高いものについて，その対処法をリストアップします。今回は「⑤機嫌の悪い部長と，部長から与えられる緊張感」を，最優先事項として選ぶことにします。ここからは，1人でブレインストーミングです。できるだけ多くの多様性に富んだアイデアを，善し悪しを考慮することは後回しにして，出していくことが重要です。1人でやるのが難しければ，親しい友だちからアドバイスを求められたらどうするかと想像して，取り組むとよいでしょう。たとえば，以下のような方策が考えられます。

第 6 章「ストレスコントロール力」の巻 ● ● ● *71*

A. 積極的に問題解決を図る

　部長は余裕がないと常に怒りっぽく，特に夕方から夜はその傾向が強い。昼ご飯の後は比較的機嫌がいいから，何か相談や報告する事項があるときは，午後一番にすることにしよう。

B. 感情を抑える

　部長はいつも怒りっぽい。部内のマンパワーが減って大変な状況だもんな。仕方ない，我慢しよう，異動するまでの辛抱だ，と考える。

C. 発想を転換する

　部長は自分にだけ怒りっぽいのではなく，皆に対して同じように怒りっぽい態度だ。つまり，自分に対してだけいらだっているわけではない。部長は兼務だし，自分と同じ職場にいないことも多い。そのときは肩の力を抜いて，飲み物を買ってきたりしよう。

D. 相談をする

　渋谷先輩や，隣の課にいて以前部長の下で働いていた主任に，部長の機嫌の悪さについて相談してみよう。

E. 他者を巻き込んで発散する

　職場の同僚や，家族か友人に愚痴を聞いてもらおう。

F. 気分転換する

　土日のどちらかは，ご褒美として，趣味の映画にどっぷり浸かることにしよう。

（4）各対処法の長所と短所を考える

　（3）で出た複数の対処案について，それぞれの長所と短所を考えてみます。

　長所を考える際には，**①問題の解決にどのくらい役に立つか，②気持ちを落ち着けるのにどのくらい役立つか**，の2つが重要です。

　短所としては，時間，労力，お金はどのくらいかかるかを考えてみます。実現可能性を考えるうえで，重要なポイントですよね。

(5) 候補を絞る

そして，対処法の候補を絞ってみましょう。今回は，以下の3つが現実的でしょうか。

A. 積極的に問題解決を図る——部長への相談は，比較的機嫌のいい午後一番に実行する。

D. 相談をする——渋谷先輩や隣の課の主任に相談する。

F. 気分転換する——週末にご褒美として映画館に行く。

(6) 振り返り

最後に，対処法を実行して「自分が楽になったかな」と振り返ってみます。

「ポイント2」「ポイント3」の（1）〜（6）のステップは，ふだん私たちが無意識のうちに行っていることです。しかし，ストレッサーが大きくなり，ストレス反応も大きくつらくなると，意識しないとスムースに行えなくなってくるプロセスです。何かひとつ，**取り組みやすいものから意識的にコーピングを行う**と，「ストレッサーの影響を小さくすることができた，自分でストレッサーに対処できた」という自信を持つことができます。そして，次の対処法に取り組む意欲が高まり，仕事全体へのモチベーションアップにつながります。こうなれば好循環の始まりです。

【ストレスコントロール力を培う3つのステップ】

① ストレスコーピング＝ストレスコントロール力は，スキルであり，学べる。

② ストレスコーピングは，トライ＆エラー（試行錯誤）が大事。「問題解決法」を試してみよう。

③ ストレッサーへの対応について，できるだけ多くのアイデアを出して，取り組みやすいものから始めよう。

　→ストレス反応が大きく出てつらいとき，小さなストレスコーピングの実行が，自信と仕事への意欲を高める。

COLUMN

ストレスコーピングとしてのリラクセーション

ストレス反応は，元来人間に備わった自律神経の仕組みで，私たちが生きていくなかで意味のある反応です。自律神経には交感神経・副交感神経の2種類があり，バランスをとっています。一般的には昼間には交感神経が優位に，夜間には副交感神経が優位な状態となっています（図6-5）。

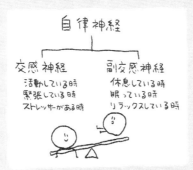

図6-5 交感神経と副交感神経

●交感神経優位＝ストレス反応，副交感神経優位＝リラックス反応●

　交感神経の働きが強く出ているときというのは，たとえば，強いストレスがかかり対処が必要な心身の状態です。仮にライオンが目の前に現れたら，皆さんはどうなりますか。戦うか，逃げるか，極限の状態です。すぐに動けるように，筋肉に力が入り，呼吸や脈が速くなったり血圧が上がったりするでしょう。これを「闘争・逃走反応（fight-or-flight response）」と呼び，ストレス反応のひとつとして挙げられているものです。

　一方，副交感神経の働きが強く出るときには，上記とは逆で，筋肉は緩み，呼吸や脈は遅くなり，血圧も下がるでしょう。究極の状態は睡眠です。これを「リラックス反応」と言います。

ストレス反応自体は，行動を起こすために必要なものであり，悪いものではありません。しかし，長く続くと体に害を及ぼします。ですから，リラックス反応を適宜，バランスよく取り入れられるとよいですね。では，皆さんはどんなときにリラックスできるでしょうか。たとえば，安心できる環境で心許せる人と一緒にいるとき，楽しいことをしているとき，心から好きなことをしているとき，人はリラックスできます。でも，いつでもこんな環境にいられるわけではありません。ストレッサーがいっぱいの環境でも，自分で意図してリラックス状態を作り出せたらいいですよね。これを「リラクセーション」と言います。心と体はつながっています。心そのものよりも体に直接働きかけて，交感神経が強く働いている状態を抑えることで，より簡単に心身のリラックス状態を作り出すことができます。

●やってみよう，リラクセーション●
　リラクセーションは，ストレスコーピングとして身近な方法のひとつです。ここでは3つ，ご紹介したいと思います[5]。

【1分でできる呼吸法】呼吸を整えて，心身の安定化とコントロールを図る
(1) 腹式呼吸で鼻からゆっくり息を吸う。
　①口を閉じて息を吸う。鼻から新鮮な空気が入ってくるのを味わいましょう。
　②息を吸うときは，肩や胸を動かさず，おなかを膨らませるようにしましょう。
(2) ゆっくり息を吸った後に，1秒程度の短い間をとる。
(3) 口からゆっくり息を吐く。一気に吐こうとせず「ふーっ」とゆっくりと。
(4) 吐ききった後もすぐに息を吸おうとせず，少し長めの間を置いて次の息を吸う。

---

[5] 文部科学省「在外教育施設安全対策資料【心のケア編】第2章 心のケア 各論．5. 心身のリラックス」．[http://www.mext.go.jp/a_menu/shotou/clarinet/002/003/010/004.htm]。

【3分でできる漸進的筋弛緩法】身体的緊張レベルを低下させ，感情面でもリラックス効果を得る

(1) 椅子に浅く腰掛ける。
(2) 5秒ほど，全力の60〜70％の力を一気に入れる。
   ① 両手を握ります。
   ② 肘を曲げ，両手を胸の前に近づけます。
   ③ 両肩をすぼめ，耳に近づけます。
   ④ 上半身を丸め，脇を締めます。
   ⑤ 力を入れて，目を閉じます。

(3) 力を抜く。
   ① スーッと一度に力を抜き，力の抜けるじわーっとした感覚を感じましょう。
   ② 背もたれなどに寄りかかりながら，筋肉の緊張が抜けてきた感じを味わい，15秒くらいそのままでいます。
(4) 次の活動に戻る前に。
   　リラックスしすぎてぼんやりしたり，ふらふらすることがあるので，適度な緊張感を取り戻すために，最後に，手をグーパーグーパーしたり，腕を曲げ伸ばしたりして，ゆっくり目をあける（消去動作）。

【寝る前にできるTGT (Three Good Thing) 法】

(1) 今日あった3つの良いことを書き出す。ノートに書き出しても，Twitterで投稿しても，頭の中で思い起こしても，いずれでもかまわない。
(2) 良いことは壮大なものでなく，小さなことでかまわない。たとえば，以下のようなもの。
   ・今日は通学(通勤)の混雑が少なく楽だった。
   ・先輩からもらった土産のお菓子がおいしかった。
   ・寝る前に見たTV番組が意外に面白かった。

続けて行うことで，自己肯定感を高め，幸福感を得る[6,7]ことができます。ほかにも，より専門的なものとして自律訓練法などがあります。興味がある方は，脚注＊5のサイトにアクセスしてみてください。

本章のまとめ 「ストレスコントロール力」を学んだ皆さんへ

　本章では，ストレッサーが私たちの心身に与える影響（ストレス反応），ストレスコントロール力の具体的な方法（ストレスコーピング）を，学びました。自分のストレス反応を知ってモニタリングすることで，早めにストレッサーに対処することができます。また，「問題解決法」や，「リラクセーション技法」は，日常生活で繰り返し行うことで，少しずつ「ストレスコントロール力」をスキルアップさせることが可能となります。

　ストレッサーは，「先輩からのエール」で嶺田有希さんが書いているように，決して「悪」というわけではなく，「成長の機会」でもあります。「ストレスは人生のスパイスだ」とも言います。自分にとってのストレッサーを明確にし，そのストレッサーを適度な大きさに切り分け，スキルアップした「ストレスコントロール力」を備えることで，有効に「成長の機会」として利用することができるのです。

　健康管理のために筋力を維持するように，少しずつストレスコントロール力を維持・向上させていきましょう。

＊6　関沢洋・吉武尚（2013）「良いことを毎日3つ書くと幸せになれるか？」［独立行政法人経済産業研究所］RIETI Discussion Paper Series, 13-J-073.

＊7　安田節・斎藤嘉 (2018)「ポジティブ心理学に基づく介入のアウトカム評価——TGT（Three good things in life）エクササイズは大学生のポジティブ感情を高めるか」法政大学キャリアデザイン学会［http://cdgakkai.ws.hosei.ac.jp/wp/wp-content/uploads/2018/08/gb201810.pdf］。

先輩からのエール

──嶺田有希さん

日本アイ・ビー・エム（株）

◆「ちょいOFF」のススメ◆

　社会人として働き始めると，自分ではコントロールできない状況が確実に増えるでしょう。自分とは考え方の違う人たちと共に仕事をすることも多いでしょうし，自分が慣れ親しんだ環境とは異なる環境で仕事をする機会も，多くあると思います。まさに日々ストレスの連続です。あなたが誰かの存在をストレスと感じることもあるし，逆にあなた自身が，誰かのストレスの原因になることもあるのです。これは特殊な状況ではなく，むしろ当然のことで，「社会」や「会社」は，自分とはさまざまに異なる「人」や「環境」で構成されており，さらに「社会」や「会社」の成長や成功は，自分自身とは異なる人や環境が互いに認め合うことで成し遂げられているからです。

　近年，特に企業においては，多様性（ダイバーシティ）の重要性が認知され，多くの日本企業でもダイバーシティに対する取り組みが強化されています。さまざまな人たちがいてこその社会であり，企業なのです。このような状況において，まず理解していただきたいことは，「ストレスは悪ではない」ということです。わかりやすい例として，筋トレを思い浮かべてください。筋トレを初めたての頃はトレーニング後の筋肉痛に悩まされますが，筋肉に「トレーニング」というストレスをかけ続けることで，徐々に筋肉は成長し，大きく育ちます。まさに，**適度なストレスは「悪」ではなく，「成長の機会」**なのです。したがって，最も重要なのは，**いかにストレスとうまく付き合っていくか，ストレスを利用するか**ということになります。

　ストレスには，身体的ストレスと心理的ストレスがありますが，ここでは心理的ストレスとの付き合い方について述べたいと思います。

　心理的ストレスは，大きく2種類に分けられるでしょう。それは，「原因が明

確なストレス」と「原因不明のストレス」です。原因がはっきりしているストレスへの対処の方法の一つは，その原因と距離を置くことです。原因から自分が離れるか，原因を自分から遠ざけるか。でも，この行動にはかなり大きなエネルギーが必要であり，完全には実現できないことも多くあるでしょう。その場合，結局，原因不明のストレスと同じようにもやもやした状態が続くのですが，このような状態も自分自身の感情の配分をコントロールすることで，ストレス状態が深刻化し自身のパフォーマンスが完全に劣化する前に，立て直すことができます。

　以下のように，1週間（5労働日）のうち，ストレス状態を5日間続けるよりも，とにかく一度，自分をOFF状態にし，翌日から再起動するほうが，結果として1週間で出せるパフォーマンスが大きくなるのです。

ストレス状態継続					
月	火	水	木	金	合計
50P	50P	50P	50P	50P	250P

一度OFF作戦					
月	火	水	木	金	合計
50P	0P	80P	90P	100P	320P

1日最大限発揮できるパフォーマンスポイントを100pとした場合のイメージ

　OFFの仕方は，人それぞれでよいと思います。休暇を取るも良し，ストレスを感じる仕事を1日だけ後回しにするも良し，気の合う友人や家族と過ごすも良し，趣味に時間を充てるも良し，美味しいものを食べるも良し，ひたすら寝るも良しです。長期に休むだけがストレス解消ではなく，1日，半日，数時間レベルでの「ちょいOFF」のほうが，多くの場合，効果を発揮するのです。

　重要なのは，パフォーマンスポイントが0p近くになって初めてOFFするのではなく，何となくパフォーマンスが落ちたな，気分がもやもやして気持ちが乗らないなというレベル（50p程度）のタイミングで，「ちょいOFF」を取る，ということです。50pを下回るような状態となってしまった場合，リカバリーまでにかなりの時間が必要になってしまいますが，軽度の状態であれば，たとえば気の合う友人と食事をするだけでも，十分OFF状態になるのです。

　このように，「ちょいOFF」をしっかり重ねていくと，ストレスに押されて低

第 6 章「ストレスコントロール力」の巻　　79

パフォーマンス状態が続くことが徐々に減り，自分のパフォーマンスが安定することを実感できます。まさに，「ストレス」と「ちょいOFF」の繰り返しにより，自分自身が強くなってきます。ここまでくれば，あなたもストレス活用の達人。是非，ストレスをうまく活用して，健やかな毎日を送ってください。

Question ① : 大学生の頃，どんなときにストレスコントロール力が必要だと感じましたか？

Answer——大学時代は，あまりストレスを感じることなく気ままに過ごしたほうだと思うのですが，あえて挙げるとすると，試験や実験（工学系の学生でしたので，卒論や修論のために日々実験をしていました）の結果が思わしくなかったときに，落ちこむことがありました。どちらかというと，原因がはっきりしているストレスでしょうか。この場合は，もうどうにもならないので，過去の結果はあきらめて，落ち込む時間を努めて短くし，とにかく何でもいいから次の行動を起こすように心がけていました。大学時代のストレス要因は，社会人のそれよりも幅広いと思います。まだまだ学生ですし，ストレスコントロールをする，というよりも，「多くのストレスを経験することが社会人になってからのストレス耐性強化につながる」くらい，軽やかに考えてストレスを受け止めるほうが良いのではないでしょうか。

Question ② : 社会人になってから，ストレスコントロール力をどうやって伸ばしたのですか？

Answer——正直，社会人になったばかりの頃は，ストレスコントロール力を伸ばそうなど，微塵も思っていませんでした。やはり，日々の社会生活のなかでさまざまな人に出会い，仕事をし，さまざまな感情を経験することで，自分にとってどのような状態がストレスなのかが，徐々にわかってきたのだと思います。むしろ私は，ストレスをあまり感じない（感じられない）鈍感なところがあり，それによりストレスに気づいたときには時すでに遅く，落ち込んだときの闇が深かったことも多くありました。さまざまな心理的状態を経験しながら，結果として自分のストレスへの関心も高まり，ストレスに敏感になり，それと同時にストレスコントロール力が高まってきたのだと思います。

Question ③：社会人としてストレスコントロール力の大事さを実感するのはどんなときですか？

Answer——社会人となると学生時代とは違い，日々の会社への貢献で報酬をいただいていますから，ストレスによるパフォーマンス劣化は避けたいものです。だからといって，ストレスの原因をすぐに遠ざける（仕事を辞めるとか，一緒に働くメンバーを変えてもらうなど）ことは，容易ではありません。社会人は前述のとおり，ストレスが存在することが当たり前の環境ですから，日々の生活のなかでストレスコントロールできるように，習慣化することが重要です。「ちょいOFF」の繰り返しにより，自分のストレス耐性が強化された結果として，かつてはストレスと感じていた状況をストレスと感じなくなるなど，「自分がちょっと強くなったかも」と思う瞬間に，ストレスとうまく付き合う力（＝ストレスコントロール力）の大事さを実感します。

　ストレスを恐れずに，誰にでもあるものだと前向きにとらえ，深刻化する前に自分を開放してあげてください。ストレスについて考えること自体がストレスになってしまわぬように，自分の「ちょっと疲れたな」という感覚を大切に，ちょいOFFのタイミングを見逃さずに過ごせるとよいですね。

第7章 「創造力」の巻
── 新しい価値を生み出す力

― 創造力の奥義 ―

変革のために必要な創造力は待っていても生まれない。日頃からさまざまな角度にアンテナを張り，引き出しを増やしておけば，その組み合わせと試行錯誤により，新しい価値が生まれると心得よ！

その後，基礎まなぶ君は……

【入社2年目の10月】 4月からのドタバタも，少しずつ落ち着いてきた。渋谷先輩のコーピング力伝授のおかげで，仕事へのモチベーションも少しずつ意識できている。"変革月間"に入ったせいか，品川部長が「よその部の度肝を抜くようなことをやりたい」って言い出した。きたっ！ 来期に向けて新企画をぶち上げたいらしい。今まではルーティーンで精一杯だったけど，せっかくだからなんか考えてみようか。でも，いきなり新しいことなんか考えつく才能は，ないよなぁ。渋谷先輩はいつものように「そうだなぁ，何となくだけど，案はいくつか持ってるんだ」そうな。やっぱりスゴイ。そこで，昼飯を食べながら聞いてみた。「どうしてそんなにネタ，たくさんひらめくんですか？」。そしたら……。

創造力は生まれ持った才能なのか？

　渋谷先輩，さすがですね。これまでも数々の局面で社会人基礎力の高さを発揮している渋谷先輩ですが，今回も，すでにいくつか企画のアイデアがあるようです。そんな渋谷先輩は，生まれながらにしてクリエイティブ（創造的）な素質を持った人材なのでしょうか。

　結論からいうと，そうではありません。社会人基礎力で「創造力」は，「考え抜く力（シンキング）」のなかの一要素として取り上げられています。ここでの「創造力」とは，課題や疑問についていつも意識し，その解決策を「ああでもない，こうでもない」と考え，試行錯誤した末に出てくる新しい価値やアイデアのことです。

　このように言われてもなかなかイメージしづらいと思いますので，ひとつ例を挙げてみましょう。

(1) 事例——ポキポキ折る刃，オルファカッター

　突然ですが，皆さんはどんなカッターを使っていますか。私は，切れなくなるとポキっと折って，切れ味を保つタイプのものを使っています。今や世界中で使われてるこのタイプのカッターですが，実はある日本人の"あったらいいな"という思いから生まれた発明品なのです。

　1956年，当時印刷工場で働いていた岡田良男氏は，「切れなくなったら捨てるなんてもったいない」との一心から，試行錯誤のすえ，ついに『オルファカッター』を世に送り出しました[*1]。電気工としてさまざまな道具を用いた経験，印刷工場での紙を切る作業での問題意識，靴職人が靴底を削るのに，ガラスの破片を折りながら切れ味を蘇らせ使っていたといった見聞，GHQ

　＊1　『折る刃式カッターナイフの誕生秘話』オルファ株式会社ホームページ
　　　［https://www.olfa.co.jp/birth_of_olfa_cutter/index.html］

の兵士からもらったポキポキ折れる板チョコレートの思い出などなど。そこからひらめいたアイデアと，その後の長年にわたる試行錯誤の結果が，新しい価値を生み出したのです。

今や社名にもなった『オルファ』(折る刃)は，ある青年の熱い心と，板チョコやガラス破片のアイデア，そして試行錯誤が生んだ，新しい価値創造(＝創造力)の好事例です。

(2) 強い思いと試行錯誤

創造力に関してこの事例からわかることは以下の2つです。

> ①「あったらいいな」や「こうしたらいいのに」という，**強い思い**があること。
> ② 既存のアイデアを組み合わせて，**試行錯誤**すること。

ご紹介したオルファカッターはかなりの成功事例ですが，私たちの日常業務や生活のなかにも，新しい価値につながる種はたくさん転がっているはずです。ちょっと周りに目を配ってみてください。「あったらいいな」「こうしたらいいのに」ということはありませんか。それを具体的な形にしようと思い続け，自分の経験をアイデアに組み込み，試行錯誤する。これが社会人基礎力が提唱する創造力です。

このように考えてみると，まなぶ君が渋谷先輩に対して持っていたような印象：「天才しか持ちえないひらめき」というよりは，「熱い思いと地道な努力」という，私たちにも持てる力のように思えてきませんか。

 Steal like an artist!（芸術家のように盗め！）

なかなかショッキングな言葉ですが，これはアメリカのアーティスト，オースティン・クレオンの本の題名です[*2]。彼によると，創造力のかたまりのような芸術家ですら，彼らの創造力は積み上げた引き出しからの産物でしかな

い，というのです。かの有名なスペインの画家，パブロ・ピカソは，「芸術とは盗むことだ」と言い，イギリスのロック・ミュージシャン，デヴィッド・ボウイも，「僕がじっくり鑑賞するのは，盗めるところがある作品だけだね」という言葉を残しています。ちょっとホッとしませんか。一流のアーティストですら，完全なオリジナル作品を生み出しているわけではない，というのですから。無から何かを創り出すのは，偉人にだって難しいのです。つまり，**新しく生み出されるものの多くには，ベースがある**ということです。

　ただ，ここで気をつけたいのは，誰かをただ真似るだけでは，創造力にはならないということです。クレオンの本には米国ポップ・シュルレアリスムの旗手，ゲイリー・パンターによる，こんな言葉も出てきています。

　　　　君がたった1人の影響しか受けていなければ，君は第2の〇〇と呼ばれるだろう。だが，100人から盗んでしまえば，『君はオリジナルだ！』と言われるのだ。
　　　　　　　　　　　　　　　　　　　　　　　　　　　　（Kleon／邦訳，2012）

　つまり，たくさんの引き出しから複数のアイデアを組み合わせ，試行錯誤することが，創造力への第一歩となるのです。オルファカッターが複数のアイデアからの発想だったように，まさに「ポイント1」の，**一見関係のないジャンルの引き出しの中を組み合わせ，試行錯誤のすえ，新しいものを作り上げていく**のが，社会人基礎力で言う創造力ということです。

　創造力が，必ずしもゼロからのひらめきではないと知った今，何だか実践できそうな気がしてきませんか。いろいろな分野の多くのことを，見て，知って，感じて，盗んで（！），自分の引き出しを増やしていきましょう。

　＊2　Kleon, A.（2012）*Steal like an artist: 10 things nobody told you about being creative.* Workman Publishing.（オースティン・クレオン著／千葉敏生 訳〈2012〉『クリエイティブの授業——"君がつくるべきもの"をつくれるようになるために』実務教育出版）。

COLUMN

モチベーション

　本章では，創造力に必要な要素として，「強い思い」と「試行錯誤を続ける粘り強さ」があることを説明しました。では，この「強い思い」のもとになる「やる気」は，どこからくるのでしょう。何かに熱くなったり，目標に向かって突き進む気持ちなんてなかなか持てない，という方も多いかもしれません。本コラムでは，この「やる気」に関する要素やメカニズムについて，紹介したいと思います。

　最近では「やる気」よりも「モチベーション」という言葉になじみのある方もいるかもしれません。モチベーションは「動機づけ」と訳され，「何かの行動を引き起こし，一定の方向や目標に向かわせるエネルギー」と定義できます。厳密には，エネルギーのほかにも，目標に向かう行動選択や方向性，主観的反応といった過程や機能の要素もあるのですが，ここではエネルギーに焦点を当てます。

　皆さんにはどんな夢や願望，目標がありますか。「あの会社に入りたい」「有名になりたい」「人の役に立ちたい」「お金持ちになりたい」など，ご自身の目標や願望を思い浮かべてみてください。たとえば「会社で売り上げNo.1になるぞ！」という強い思いを持っている人がいるとします。その人は売り上げを伸ばすために，どんな行動をとるでしょうか。得意先をフォローしながら新規顧客開拓に向けて営業を展開し，業界研究に日夜努力を重ね，同業他社との情報交換・交流を絶やさない，といったところでしょうか。

　この場合，「会社で売り上げNo.1になる！」という強い思い（目標）によるエネルギー（モチベーション）が，「得意先をフォローする」「新規顧客開拓をする」「業界研究をする」「同業他社と情報交換をする」といった行動を引き起こしている，ということになります。

●モチベーション研究●

　モチベーションに関する研究は，1900年代前半までさかのぼります。当時の代表的な組織論は，テイラーの提唱した科学的管理法[*3]でした。これは，工学の方法論を生産管理法に応用したもので，一定の時間内に終えた仕事量の割合で，賃金の増減を決めるシステムでした。

　しかし，労働者を機械のように管理し，階級に応じた相応の報酬を与える手法に限界を感じたメイヨーは研究を重ね，給料以外の報酬や，やりがい，チームワークも，生産性向上に必要な要素であることを明らかにしました。これは，研究の舞台となったウェスタン・エレクトリック社のホーソン工場の名を取り，ホーソン研究と呼ばれています[*4]。

　その後マズローが，欲求階層説（生理的欲求，安全欲求，社会的欲求，承認欲求，自己実現欲求）を用いてモチベーションの要素を説明し，現在では心理学，経済学，社会学の視点から，学際的に研究が発展しています。そのなかから，モチベーションを整理する概念として，内発的・外発的動機づけと，それらを用いた実験をご紹介します。

●内発的動機づけと外発的動機づけ●

　外発的動機づけ（extrinsic motivation）は，目に見える形のモチベーションのことで，金銭的報酬や昇進，激励，褒め言葉などです。一方，内発的動機づけ（intrinsic motivation）は，行動そのものから得られる快や満足感のことで，自分の技術や能力を高められる，好奇心・探求心が満たされる，仕事を任されている，やりがいがある，といった満足感や熟達感などです。

　一般的に，観察可能な外的要因がない場合は内発的に動機づけられている場合が多く，**内発的動機づけのほうが，より積極的かつ多様な行動が起こる**と言われています。また，内発的動機づけが高い人は**自ら知識を深め，能力や技術**

[*3]　テイラー F. W. 著／有賀裕子訳（2009）『新訳科学的管理法——マネジメントの原点』ダイヤモンド社。

[*4]　Mayo, E.（1933）*The human problems of an industrial organization.*（村本栄一訳〈1967〉『産業文明における人間問題——ホーソン実験とその展開』日本能率協会）。

を高めたり，さまざまな方法・手段でアイデアを出したり，自発的・積極的に組織内外とコミュニケーションをとる，などの傾向があります。

●アンダーマイニング効果●

ここで有名な実験を１つご紹介しましょう。アメリカの社会心理学者で，内発的動機づけ研究で有名な，デシによる実験[5]です。

この実験では，３日間大学生にパズルを解いてもらいます。まず，大学生を以下の表7-1のように２つに分けて，その様子を観察しました。

表7-1　グループ分けと報酬一覧

グループ	1日目	2日目	3日目
グループ① (実験群)	ごほうび なし	ごほうび あり	ごほうび なし
グループ② (統制群)	ごほうび なし		

どちらのグループも，初日はごほうびなしでパズルを解いてもらいます。２日目は，グループ①だけが，時間内に終わったらごほうびをもらいます。３日目は，どちらのグループもごほうびなしです。

デシたちはこの条件下で，何をしてもよい休み時間（回答時間と回答時間の間）に，どのくらい"自主的に"パズルを解いたかを，こっそり観察しました。そうです，この「何をしてもよい休み時間に，自主的にパズルを解く時間」を，"内発的モチベーションの量"として測定したのです。その結果，非常に興味深いことがわかりました（表7-2を参照）。

表7-2　休み時間中，自主的にパズルに触れた平均時間

グループ	1日目	2日目	3日目
グループ① (実験群)	248秒	313秒	**198秒**
グループ② (統制群)	213秒	205秒	**241秒**

[5]　Deci, E. L. (1971) Effect of externally mediated rewards on intrinsic motivation. *Journal of Personality and Social Psychology*, **18**(1), 105-115.

ごほうび(報酬)を与えられたほうが，ごほうびなしに比べ，その後のモチベーションが上がると思いませんか。驚いたことに，結果は逆になりました。2日目に報酬をもらったグループ①の学生たちは，3日目の休み時間，パズルに触れた時間が，1日目よりも約50秒も短くなったのです。つまり，**報酬がもらえないと知ると，"自主的に"パズルを解く「やる気」を失ってしまったのです。**一方，一貫して報酬のなかったグループ②は，1日目と比べ3日目は30秒も増えています。つまり，ごほうび（報酬）をもらったことにより，内発的動機づけが低下してしまったのですね。

このように，報酬が与えられたこと（外発的動機づけの出現）で内発的動機づけが低下することを，「アンダーマイニング現象」と言います。デシの実験では，パズルを解くこと（行為）が，"報酬を得るための手段"となってしまい，パズルを解いて"楽しむという目的"（内発的動機づけ）とすり替わってしまいました。結果的に，「パズルを自主的に解く」というモチベーションを，低下させてしまったのです。

外発的動機づけのコントロール（制御）機能が強いと，自己決定感などの内発的動機づけが低下します。賞罰や締め切り，脅し，競争，否定的な評価などの報酬が，やる気，自己決定感などの内発的動機づけを低下させるのです。

●エンハンシング効果●

報酬がやる気を削ぐ悪者のように感じたかもしれませんが，決してそうではありません。外発的動機づけ（モチベーション）のもうひとつの側面，エンハンシング効果を紹介しましょう。

報酬を自分がやったことの成果としてとらえると，**報酬は自分の価値を示すもの**として見ることができ，報酬を得ることが有能感や満足感につながります。これを「エンハンシング効果」と呼びます。頑張って達成したことを周りから褒められると，それが自分の価値を表すこととなり，モチベーションを高める（内発的動機づけ）ことにつながるのです。

デシもその後，外発的動機づけである**ポジティブなフィードバック（激励，褒めるなど）が内発的動機づけを高める**ことを，別の実験で明らかにしています。

●外発的動機づけを使いこなそう●
　外発的動機づけには，アンダーマイニング効果と，エンハンシング効果の2種類があることがわかりました。
　金銭的な報酬を与えても，全員のモチベーションが上がるわけではないのです。将来皆さんがリーダーとなるとき，このような報酬とモチベーションの関係を頭に入れておくと，上手に部下やチームメンバーのやる気を引き出せることができるかもしれません。

 ## 自分色をつける

　さらにもうひとつ，創造力に必要な段階があります。「ポイント2」では，ベースとなる複数のものを組み合わせ，試行錯誤するところまで説明しました。次に，それを自分のスタイルに落とし込み，自分色を加える，というステップが入ります。

(1) 徹底的に真似てみる

　ゴルフを例に挙げてみましょう。ゴルフは老若男女が楽しめるスポーツですが，体の軸が少しでもずれると飛距離や方向に影響を与えるため，まずは決まった型を体に覚えさせることが必要となります。たとえば，何度も何度もプロのビデオを見て真似るなどして，ベースとなるフォームをそのままコピーしていきます。「ポイント2」で言うところの「盗み」です。
　ただ，ここで問題が出てきます。ベースとしたプロと自分の体格は，まったく同じではありません。骨格や運動能力，また特定のスポーツ経験による体のクセみたいなものもあるかもしれません。そこで，ベースとなるフォームをしっかりと体得したうえで，自分なりに手を加えて，自分のスタイルを作り上げていくことが，必要となるのです。

(2) 自分なりに手を加える

　社会人基礎力における創造力も，同じことがいえます。いくつかの既存概念から新しい価値を創造し，数々の商品やアイデアをヒットさせている瀬戸和信さんは，著書の中でこのステップを，「守破離」で説明しています[6]。守破離とは，芸事の師弟関係のあり方の一つで，千利休の教えをまとめた『利休百首』の，「規矩作法**守**りつくして**破**るとも**離**るゝとても本を忘るな」からきていると言われています。

　守破離は，それぞれ以下のようなことを意味しています。

> ① 守——決められた基本に忠実に型を学び，自分のモノにする段階。
> ② 破——「守」で身につけた基本から，自分なりに工夫して発展させる段階。
> ③ 離——これまでの基本の型からあえて離れ，自分なりの色を付ける段階。

　③離の「自分色を付ける」，これが，創造力に不可欠な第3の要素です。**コピーに自分色を付けて，はじめてそれがオリジナルになる**，ということです。

　以下に本章で説明した，創造力に必要な要素をまとめました。

> **【創造力を培う3つのステップ】**
> ① 「あったらいいな」「こうしたらいいのに」という強い思いを持つこと。
> ② 既存のアイデアを組み合わせて，試行錯誤すること。
> ③ 自分色を付けること。
> 　→新しい価値が生まれる

＊6　瀬戸和信（2016）『クリエイティブ思考の邪魔リスト』朝日新聞出版。

社会人基礎力の創造力は，「こうしたらいいのに」の強い思いと，既存のアイデアを組み合わせ，試行錯誤した結果に自分色を付けて生まれる，新しい価値です。皆さんの熱く，粘り強い気持ちで生まれる，新しい価値観で，日本の社会を，より良い方向に変えていただくことを願っています。

「創造力」を学んだ皆さんへ

　社会人基礎力の創造力，いかがでしたか。皆さんが本章を読む前に感じていたものとは，少し違っていたかもしれません。いろいろなことに興味を持ち，自分の知識や体験の引き出しを増やしておく。そんな日頃の積み重ねと試行錯誤によって，新しい価値が自然と生まれてくるのです。創造力は決して特別な天才の生まれつきの才能ではありません。私たちにも備わっている，一つの能力なのです。

　まなぶ君も自分の周囲にアンテナを張り，今ある知識や体験からアイデアを創造できることを学び取ったようです。そして，さっそく新しい企画を考え出したようですよ！　第8章ではそんなアイデアを，どのように発信するのか，見てみることにしましょう。

先輩からのエール

——山田雄介さん

(株) オカムラ 主任研究員，
WORKMILL編集長，
一級建築士

　創造力とは，今まで考えつかなかったことや，大きなことを考える力ではないと思います。本章解説のように，小さな気づきや発見の積み重ねから，組み合わせる力ではないでしょうか。なぜなら，何もないところ，つまりゼロからは何も生まれないように，創造の起点にはキッカケとなるものがあるからです。

　新しい価値を創造する革新的行為や，結果の代名詞として，「イノベーション」という言葉や概念が浸透しています。このイノベーションを最初に定義した経済学者のヨーゼフ・シュンペーターは，イノベーションを，「新結合」と言い表しています[*1]。イノベーションの成果を価値創造とするならば，新しい価値は，**異なる領域のモノ同士が組み合わさって創られる**ということです。

◆創造力は才能ではない！◆

　新しい価値を創ることに「創造力」は欠かせません。この創造力，あるいはクリエイティブといった言葉を聞くと，才能を持った一部の人が備える特別なものと思いがちですが，決して才能ではありません。一人ひとりが生来備えた能力であって，後天的に学び，育てることができる力だと考えています。私の友人で，クリエイティブ・プロセス・デザイナーの女性がいます。彼女はデンマークのカオスパイロットという，世界で最も刺激的なビジネスデザインスクールで学び，帰国後に起業し，創造性を発揮するためのプログラムを企業向けに提供するビジネスを展開しています。彼女は，「クリエイティビティは才能ではなく，スキルです！ そして，学び続けることで実現するものです」と言っています。あなた

---

　*1　クリステンセン，C. 著／玉田俊平太監修，伊豆原弓訳（2001）『イノベーションのジレンマ——技術革新が巨大企業を滅ぼすとき』翔泳社.

も決して「自分は創造力がないんだ」と思わず，学び続けることでそのスキルを獲得してください。

◆アイデアや経験を組み合わせる！◆

　私も創造力を学び続けるうえで，大切にしていることがあります。**日頃から記憶・体験の引き出しを多く作り，さまざまなものからインプットする**ことです。そして，何気ない情報でも，頭の片隅に置く習慣をつけています。引き出しには，調べる・知るなどの「情報」だけでなく，自ら実際に見る・聞く・実践するなどの「体験」を増やすことが好ましいです。なぜなら，体験のほうが現場の生きた知識であり，記憶として定着しやすいからです。日々アンテナを張って自ら探しに行くことで，創造の種を自分の中に増やす努力をしています。**新たな情報や体験をするたびに，その創造の種たちの組み合わせの可能性を，連想ゲームやパズルのように考えてみる**ことです。そうした可能性を現状の仕事のフィルターにかけ，分析しながら自分にとって意味のあるカタチへと変換していきます。このような**思考プロセスを習慣化**することで，自らの創造力を養いながら働いています。

Question1：大学生の頃，どんなときに創造力が必要だと感じましたか？
Answer──「常に」です（笑）。というのも，私は工学部の建築学科だったので，基本的に1年生から，設計を主とした課題が毎月ありました。たとえば，段ボールを素材としたオリジナル椅子を製作したり，伊勢神宮の建築図面（立面，平面）を模倣したり，著名な建築物の模型制作，そして架空の設計課題を与えられプレゼンまで，多岐にわたる課題の波に追われた学生生活でした。課題に対して企画やコンセプトを立案し，設計図面や模型による建築表現をすることで，いわゆるソフトとハードの両方を作ることを行っていました。言い換えると，頭と手を使いながら「創造する」という鍛錬を，ずっと繰り返していたように思えます。そう考えると，私の創造力が磨かれたのは大学生のときかもしれません。

Question2：社会人になってから創造力をどうやって伸ばしたのですか？
Answer──一言でいうと，「顧客との向き合い」のなかでです。最初の会社は住宅メーカーで，住環境づくりの提案を行う仕事をしていました。また，現在の会社はオフィス家具メーカーで，オフィス環境づくりの提案を企業に対して行っ

ています。提案にはたいてい競合先がいます。競合先に勝ち，顧客に選ばれるための創意工夫が求められます。大学では，課題に対してシンプルに提案物を創作する，つまり「自分」と向き合いながら創造力を伸ばしましたが，社会人では提案物を創作することに加え，相手（顧客）を理解し，戦略を立て提案するという，「顧客と向き合う」ことで創造力を伸ばしたと思います。創造の種や養分は周囲にたくさん転がっています。社会人になって現場で働く人はもちろん，そうでない人もぜひ，周囲からさまざまなヒントや刺激を受け，創造力を伸ばしてください。

Question3：社会人として創造力の大事さを実感するのはどんなときですか？
Answer──「正解がない」ときでしょうか。試験や大学での課題とは異なり，社会人になると正解がないことに多くぶつかります。解き方や答えも，数学みたいに決まったものはありません。その仕事に対して，より適切な選択肢やパターンを自分で考え，答えを創っていくようなものです。そんなときに，創造力の大事さを実感します。私の場合は，プレゼンや講演資料，顧客にオフィスコンセプトを作ることや，オウンドメディアの企画などが，創造力を発揮する主な変換先であり，仕事の成果です。そして，先述したメッセージなどをもとに，自分の創造力を発揮することを心掛けています。

◆クリエィティブ・マインドを持とう！◆
　創造力は，何も仕事だけではありません。意外と無意識に培いながら，過ごしているのではないでしょうか。プライベートや日常生活のワンシーンを思い返してください。家事においては，料理や部屋の整理整頓，家族や親しい人への誕生日プレゼントやサプライズなど，当たり前ですが毎日，自分なりに工夫しながら生活しています。その身近な工夫は，あなた自身の創造力から生まれているはずです。そう考えると，**日々の生活には大小関係なく人々の創造の精神があふれているのです。創造力は個性であり，一人ひとり異なるもので表現される，自由なもの**です。難しく考えずに，ほんの少し意識を持ちながら行動していけば，自然と身についてくるものと信じています。自分にとって楽しく，また身近な周りの人に喜んでもらえる，といったことを想像しながら創造すること。それが創造力の一番の源です。

第8章 「発信力」の巻
―― 自分の意見をわかりやすく伝える力

― 発信力の奥義 ―

　どんなすばらしい意見でも，発信する相手にきちんと意図が伝わらなければ意味がない。あの手この手でわかりやすく伝える努力と，受け手の理解度や反応を常に意識すべし！

　その後，基礎(きそ)まなぶ君は……

【入社2年目の12月】　第7章の「創造力の秘訣」を実践して，新しい企画「ヘルスケアアプリ」を思いついた。これは健康管理のためのアプリで，睡眠，心拍，運動などの健康状態を管理したり，AIからアドバイスがもらえるもの。それだけならよくあるけれど，病院に行くなら何科で診てもらうのがいいか教えてくれたり，近隣の医療機関とのマッチング，さらには診察の予約に，薬やサプリの検索・予約もできるっていうすぐれもの！　1カ月かけて必死でリサーチ・ヒアリングして，プレゼン資料を作ってみた。思い切って企画会議に出してみたんだけど，みんなの反応は今ひとつ……。どうしてかなぁ？

まなぶ君，せっかく張り切っていたのに残念です．企画会議では，こんな複雑なアプリを使いこなせるのか，とか，受診先はやっぱり身近な人に聞いて選ぶのではないか，薬やサプリ関連の参入は難しいんじゃないか，とか，否定的な意見ばかりが挙がりました．品川部長からも，「目の付けどころは良いけど，練り直しが必要そうね．出来上がったらもう1回出して」と言われてしまいました．「あんなに頑張ったのに，企画を出すのは，まだ早かったのかな……」．まなぶ君はすっかり落ち込んで，企画会議の翌日は朝から頭痛がひどく，結局会社を休んでしまいました．

「誰に」「何を」発信するか，はっきりさせる

まなぶ君，渾身のプレゼンテーションだったのに，うまくいかず残念でしたね．どこに問題があるのか一緒に考えてみましょう．

(1) 発信する相手を納得させるための企画立案と情報収集

まず，着想について考えてみます．スマートフォンから得られる活動データを集めて，利用できる既存の枠組みを使い，ローコストで健康情報を提供するアプリを作り，「健康意識が高くて，忙しいビジネスパーソン」を対象にする．うん，なかなか良さそうなアプリですね．単なる自分自身の健康記録だけでなく，付加価値も想定しています．品川部長の言うとおり「目の付けどころは良い」アイデアです．

次に情報収集についてです．まなぶ君がリサーチ・ヒアリングした対象は，主に大学時代の友人でした．大学時代の友人ですから，まなぶ君と同じ20代前半の人がほとんどでしょう．さらに，友人たちにもSNSで拡散してもらいながら調査しました．したがって，この回答は，拡散元のまなぶ君の友人で，かつ，SNSを使った情報収集に積極的な層の意見が多数集まった，ということが想像できます．こういった調査方法は「スノーボールサンプリング」と言って，比較的一般的なものです．

しかし，この方法で「健康意識が高くて，忙しいビジネスパーソン」の意

見が集まったでしょうか。まなぶ君と同じ属性,「若くて,SNSに親和性の高い層」の意見ばかりが集まってしまった可能性もあります。中堅からシニア層の意見が不足していたから,会議で否定的な意見が出たり,反応が今ひとつだったのかもしれません。つまり,今回のアプリの対象層とヒアリング層に,ミスマッチがあった可能性があるわけです。

(2) 発信の前に,5W1Hを明らかにする

発信するときには,まず,5W1Hを明らかにしたコンセプトの作成が必要です。5W1Hとは,Who（誰が）,When（いつ）,Where（どこで）,What（何を）,Why（なぜ）,How（どのように）を示す言葉です。

今回の企画の5W1Hは,以下のように表すことができます。

Who : 「健康意識が高くて,忙しいビジネスパーソンが」
When : 「いつでも（隙間時間にも）」
Where : 「どこででも」
What : 「健康情報や,医療機関のマッチング,サプリメントや薬の検索・予約を」
Why : 「ローコストで短時間に情報を得られるために」
How : 「スマートフォンのアプリで」

このコンセプトを膨らませていけば,調査と,その先のプレゼンも,よりうまくいくかもしれませんね。

コミュニケーションの4つのパターンを知る

次に,企画会議のに対するまなぶ君の受けとめ方について考えてみましょう。以下に,典型的なコミュニケーションのパターン4例を示します。あなたがまなぶ君だったらどのように反応するか,考えながら読んでみてください。

パターンA：「なんだよ，一生懸命資料集めてプレゼンしたのに，みんなで寄ってたかってダメ出ししやがって！ どうせみんな，スマートフォンのアプリなんて使いこなせてないんだろう。粗削りだったかもしれないけど，素晴らしいアイデアを出したのに，理解できないのかよ！」という気持ちでいっぱいになった。つい，品川部長に「練り直しっておっしゃいますけど，批判がいっぱいで，どこから手を付けていいかまったく思いつかないですよ！」って乱暴な口調で言ってしまった。部長は何も言わず，向こうに行ってしまった。今日はむしゃくしゃしたから，もう飲みに行ってしまえ！

パターンB：「どうせ僕は実力不足で，いつもうまくいかないんだ」と気持ちが落ち込んだ。部長は「目の付けどころは良いから，もう一回練り直し」って言ってくれたけど，もうこれ以上アイデアなんて出ない。何をしたらいいかわからないよ。暗い気持ちになって悩んでいると，夜もなかなか寝付けなかった。いつもの起床時間の朝6時半に目覚ましで起きたときには，頭がガンガンしてとても起きられそうにない。あーあ，今日は会社に行きたくないなぁ。

パターンC：「もう一回練り直して，出直します」と，口では神妙に言ってみた。でも，よく考えてみたら，部のメンバーは頭が固いのばっかりで，理解しようとしていないだけなんだと思う。さすがに口に出すのはマズイと思って，会議終了まで我慢した。会議が終わったあと渋谷先輩に，「部長は練り直しって仰ってましたよね。渋谷さんならきっと，もっと良い案思いつくんでしょうね。僕なんかとても……」と言ったら，妙な顔された。きっと渋谷先輩にも，まなぶ君はまだまだだなぁ，なんて思われたんだろう。なんだかムカムカしてきたら入力する指に力が入ってしまって，隣の席の足立さんに「ちょっとキー

ボードの音が大きくて気になるよ。もう少し静かにしてくれないかな」なんて言われちゃったよ。みんな僕のことわかってくれなくて，嫌になっちゃうな。

パターンD：こんな複雑なアプリを使いこなせる人はあまりいないのではないかって言われたけど，どこが複雑だと思っているのだろう？　よし，率直に意見を聞いてみよう。「ご意見ありがとうございます。皆さんは，どのあたりが複雑だと思われましたか？　企画の見直しの参考にしたいので，くわしく教えていただければ助かります」って会議の場で聞いてみた。そしたら，僕が思っていた以上に，企画の前提条件の調査についてや，年代間の違いなんかについて，いろんな意見が出てきた。

● 「スマホの活動データを使うって言っていたけど，健康情報が洩れるんじゃないか心配で，それを上回るアプリのメリットが企画の説明からは感じられなかった。企画を作り込む前にまず，しっかりコンセプトを固めると，アプリのウリを提示しやすいかも」
● 「このアプリを使うと具体的にどう生活が変わるのか，ストーリー仕立てで例を出してくれるといいな」
● 「たとえば，年代ごとに，健康管理アプリに求めるものを聞いてみたら。調査を通してニーズがつかめるといいよね」
● 「すでにあるヘルスケアアプリについてもっと詳しく知りたいな。それらの特徴や課題，そして今後の業界動向を元に，今回の企画を練り直すのもいいかも」

そうか，自分に足りないのはこんな視点だったんだ。今回はちょっと具体的な仕様とかについて，突っ走って考え過ぎちゃったんだな。よし，もらった意見を踏まえてもう一回練り直そう。あ，でもその前に，頼れる渋谷先輩に問題点の整理について相談してみよう。

自分の気持ちや考えを，その場にふさわしい方法で表現する

「ポイント2」で，4つのコミュニケーションのパターンを紹介しました。どのパターンが良い悪いというものではありません。みなそれぞれ，生まれ持った性質や，今までの経験，社会的規範（たとえば文化や性差）などの影響により，取りやすいパターンを持っています。特定の人間関係や状況で，コミュニケーションパターンが異なる人もいます。また，不安な状況では，その場や状況に応じた適切なコミュニケーションよりも，特定の決まったパターンを取りがちです[*1]。

もし今回まなぶ君が，パターンDのコミュニケーションを取れていたら，良いアイデアをさらにブラッシュアップして，次回のプレゼンにつなげることができそうですよね。パターンDは，"相手の意見を尊重したうえで，自分の率直な気持ち"を表しています。これは**"アサーティブなコミュニケーション"**と言われます。人間はみな独特で，一人ひとり違い，物の見方や感じ方も違います。あなたの考え方も相手の考えも，それぞれ尊重してコミュニケーションするには，自らの"率直な気持ちや考え"を，"その場にふさわしい方法で"表すことが必要です。「アサーティブ」なコミュニケーションの詳細はコラムで紹介していますので，参考にしてください。

【発信力を培う3つのステップ】

① 「誰に」「何を」発信するか，はっきりさせる。

② コミュニケーションの4つのパターンを知る。

③ 自分の気持ちや考えを，その場にふさわしい方法で表現する
（＝アサーティブなコミュニケーション）。
→アサーティブなコミュニケーションは，相手も自分も尊重し，建設的な結果につながることが多い。

---

*1 H.G.レーナー著／中釜洋子訳 (1994)『親密さのダンス——身近な人間関係を変える』誠信書房．

COLUMN

「アサーティブ」なコミュニケーション

　本章で紹介した「アサーティブ」なコミュニケーションですが，「それができれば苦労しないよ」と思っている人もいるでしょう。たしかに，一朝一夕にはできないかもしれません。これは「自分も相手も尊重する」という態度の表れであり，自分が本当に望んでいることを表現できなかったときに感じる，落ち込んだ気持ちを避けるためのツールでもあります。また，自分の主張を守り，肯定的な気持ちを人に伝えるときにも，大きく役立ちます[2, 3]。つまりスキルです。スキルは，繰り返すことで習得ができます。ただし，このスキルは，人を操るためのトリックではありません。アサーティブなコミュニケーションは自らの責任で行うかどうか決めるものであり，行った場合の結果は，仮に自分が希望したものと違ったとしても，自ら責任を負う必要があります。

●コミュニケーションの４つのパターン
　——表出方法と相手への態度の組み合わせ●

　本章の「ポイント２」で示した，コミュニケーションのパターンＡ～Ｄは，「自分の気持ちを表す方法が直接的か間接的か」「相手を威圧するかしないか」の組み合わせからできた，４つの表現タイプです（図8-1）。Ａは直接的かつ威圧的な「攻撃的」パターン，Ｂは間接的かつ非威圧的な「受動的」パターン，Ｃは間接的かつ威圧的で，言葉以外の表現で相手を攻撃する「受動 - 攻撃的」，Ｄは直接的かつ非威圧的な「アサーティブ」パターンです。私たちは，他者を傷つけない限り，自分らしくいる権利，自分を表現する権利，無力感や罪悪感を抱くことなく自分を表現して，すがすがしく感じる権利があります[2]。

＊2　ロバート・E. アルベルティ，マイケル・L. エモンズ著／菅沼憲治，ジャレット
　　　順子訳 (2009)『自己主張トレーニング——アサーティブネス』東京図書。
＊3　リチャード・S. ラザルス，スーザン・フォルクマン著／本明寛・春木豊・織田
　　　正監訳 (1991)『ストレスの心理学——認知的評価と対処の研究』実務教育出版。

「アサーティブ」なコミュニケーションを時と場合に応じて，根気強く行っていくことで，自分の不快さを減らし，自分も相手も尊重することができます。

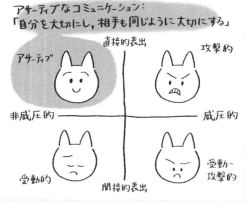

図 8-1　コミュニケーションの 4 タイプ

●アサーティブなコミュニケーションのための 4 つのステップ●

　それでは，具体的なアサーティブなコミュニケーションの 4 つのステップをご紹介します（図 8-2）。**「客主提選」**もしくは**「DESC 法」**と呼ばれています。客観的事実（Describe），主観表現（Express, Explain），提案（Suggest, Specify），選択（Choose, Consequence）の 4 つです[4,5]。事例でみてみましょう。

　ケース：まなぶ君はきゃりあちゃんと前々から企画していた 1 泊 2 日温泉旅行の前日金曜日，終業間際に部長に呼ばれ，週明け月曜日の午後に予定されている他部署との会議のために，資料作りを指示されました。資料は月曜日の朝一番で部長に見せてほしいとのことです。その資料を作るには，今から残業するとしても，土曜日か日曜日の 1 日は休日出勤しないと間に合いそうにもあり

---

[4]　平木典子編（2008）『アサーション・トレーニング——自分も相手も大切にする自己表現』至文堂．
[5]　川上憲人ほか（2012）「労働者のメンタルヘルス不調の第一次予防の浸透手法に関する調査研究——平成 23 年度総括・分担研究報告書」．

第 8 章「発信力」の巻 ● ● ● *103*

ません。

さあ，アサーティブに仕事を調整してみましょう。

‣ **客観的事実**（状況説明）

‣ **主観表現**（状況に対してのあなたの考え，
　　　　　　気持ちの説明，相手への共感を示す）

‣ **提案**（自分が主張したいこと）

‣ **選択**（代替案の提示，お互いが納得できる結論を探す）

覚え方：**客・主・提・選**

図 8-2　アサーティブな自己表現のステップ

客観的事実（状況説明）Describe

（例）「実はこの週末，１泊２日の旅行に行くことになっていて，すでに宿も予
約しています」

主観（状況に対してのあなたの考え，気持ちの説明，相手への共感を示す）Express, Explain

（例）「月曜日の会議に出す資料を作るとなると，土日のどちらかは休日出勤す
る必要がありそうです。本来なら，月曜日の朝一番で資料をお渡しできるよ
う，休日出勤をしてでも資料を作りたいと思っています。ただ，宿を予約し
ていて，今からですとキャンセル料も全額取られるので，土日出勤は難しい
状況です」

提案（自分が主張したいこと）Suggest, Specity

（例）「会議は月曜日の午後ですので，月曜日の 11 時まで，資料をお見せする
のを待っていただけないでしょうか。今日 20 時まで残業して，月曜日の
11 時頃までお時間をいただければ，資料を完成できると思います」

選択（代替案の提示，お互いが納得できる結論を探す）Choose, Consequence

（例）「あるいは，今日 20 時まで残業してできるところまで資料を作成します
ので，月曜日の朝一番に部長にご確認いただいて，足りないところをご指摘

いただけませんか。その後昼までに修正します」

　「客主提選」は，その順番どおりに並べなければいけないわけではありません。状況に応じて並べ替えてもかまいません[*4]。上記のコミュニケーションで提案，もしくはもう一度提示した選択肢に，部長が合意してくれるかもしれません。合意に至らず，再度コミュニケーションが必要になるかもしれません。

●アサーティブなコミュニケーションの３つのコツ●
　アサーティブなコミュニケーションのコツは，３つあります[*4]。
① 客観的事実と主観「I（アイ）メッセージ」を，明確に区別すること。
② 声の調子や態度など，非言語的態度で攻撃性を示さないこと。
③ 「I（アイ）メッセージ」として普段から自分の正直な気持ちをとらえ，伝えることの練習を，繰り返し行っておくこと。

本章の まとめ 「発信力」を学んだ皆さんへ

　発信力は，自分の気持ちや考えを，相手が理解しやすい形で伝えることです。これは，コミュニケーション力の一要素です。また，コミュニケーションの技法に留まらず，自分も相手も尊重する態度を表すことでもあります。

　発信力は，一人ひとりの持つ性質や経験，社会的規範（文化や性差等）などの影響を強く受けており，コミュニケーションは，どうしても特定のパターンをとりがちになります。しかし，いつものパターンを用いるだけでは，自分の伝えたいことが十分に相手に伝わらなかったり，自分の思いを相手にしっかり伝えることができずに，自分だけでストレスを溜めこんでしまったりなど，さまざまな問題が起こってきます。そこで，バランスのとれた発信力を身につけ，アサーティブなコミュニケーションを積極的に行っていくことが求められます。

今まであまりとったことのないコミュニケーションのパターンを使うとき，特にアサーティブなコミュニケーションを行うときには，しっかりとした練習が必要となります。自分には発信力が不足しているなと思ったら，日頃の生活で，本章で学んだスキルやコツを意識してみましょう。

さて，自分の言いたいことが発信できたら，次は，相手の話を聴く力（傾聴力）を鍛える番です。コミュニケーションは，自分から球を投げるだけではうまくいきません。相手からの玉をしっかりと受け取ることができるように，次章で傾聴力を鍛えましょう。

先輩からのエール

——山田雄介さん

(株)オカムラ 主任研究員,
WORKMILL 編集長,
一級建築士

◆伝える,伝わる,与えること◆

　発信力とは,「**相手に伝える,伝わる,印象を与える力**」と考えています。以下,Q&Aの回答に私のメッセージを含みながらお届けします。

Question ①：大学生の頃,どんなときに発信力が必要だと感じましたか？

Answer──当時は大学生ながら,「発信力」という意識ではなく,「プレゼン力」の必要性を感じました。

　私は工学部の建築学科出身で,大学では毎月課題がありました。課題提出の際は,教授陣や他の学生へ,プレゼンテーションを行っていました。課題に対する自分のアイデアや企画の説明をするため,5～10分程度で簡潔に話さなければいけません。自分で創作したものなので当然説明できるだろうと思いますが,なかなかこれが難しいのです。考えたことや作ったことを"全部"伝えようとしていたことが,うまく出来なかった原因の一つでした。未熟ながらも一生懸命取り組んだ課題なので,全部を伝えたくなる想いから,ついつい多く,そして細かく語ろうとしていました。プレゼン（発信）する技術うんぬんの前に,結論として何を伝えたいか,それを伝わるようポイントを絞った説明ではありませんでした。

　また,何も直接話すことが発信だけではありません。文字や図解,イラストなどの2次元,模型など3次元で発信することも求められました。同時に,発信には形式や手段もたくさんあるということを知りました。文章で情緒的に伝えたほうが共感しやすい,図解で視覚的に伝えたほうがイメージしやすい,事例や客観的なデータを用い具体的に伝える,模型や造形で感覚的に表現したほうが理解しやすいなど,発信にも幅の広さやそれぞれの強みがあることを学びました。状況や相手,伝えたい内容によってその形式も考えなければならない必要性を感じ

ました。そして，発信力を強めるベースとして，伝えるために**ポイントを絞った自分なりの「ストーリー」**と，伝わるための**表現形式を構想・構築する力**が特に重要だということを学びました。

Question ② ： 社会人になってから発信力をどうやって伸ばしたのですか？

Answer ── 一番意識したことは，「相手」がいるということでしょうか。当たり前ですが，社会人になると，ビジネスとして明確な相手が存在します。発信力を伸ばすために，この「相手」への理解を高めることを行いました。自分の伝えたいことだけを発信するだけでは，ただの独り善がりになってしまい意味がありません。相手の求めていること，響くことを，発信することが必要です。そのためには，相手のことをよく知る，調べる，聞く努力が必要です。

そして【翻訳】と【情熱】の2つを心掛けました。

まず【翻訳】とは，「相手のメッセージを，相手の文脈や言葉を理解して読み解く」，そして「相手の文脈や言葉上で，こちらのメッセージが相手にとって"意味のあるもの"になるよう調整して送る」ことです。言葉の意味だけをとらえるのではなく，置かれている状況や，言外に発しているシグナルも含めて，**相手の求めていることを汲み取る努力**をする。そのうえで，相手にこちらの意図が誤解なく伝わるよう，**目線を合わせて言葉を選び，送る**ことです。言葉で書くのは簡単ですが，これがとにかく難しく，私もまだまだ未熟で日々研鑽中です。

2つ目は【情熱】です。これは，「自分がやりたい！」「この提案が本当におススメです」といった，自らの熱意や想いを相手に伝えるということです。とても感覚的で矛盾するかもしれませんが，発信の技術や手段より，この情熱が一番重要かもしれません。いくらうまく，綺麗に発信しても，そこに心が無ければ相手には伝わらないものです。事実，過去には，「とにかく君の情熱がすごく伝わったよ」と次のステージに進んだこともあります。もちろん，両方備わっているのが良いと思いますが，発信とは内容だけでなく，相手に熱意や想いを伝えることでもあることです。ただ情熱のあまりついつい「話が長い」，と私はいつも上司に指摘されます（笑）。

Question ③ ： 社会人として発信の大事さを実感するのはどんなときですか？

Answer ──ビジネスでは，人やお金などのリソース（資源）を投入し，それらに対するリターン（成果）が求められます。よって，成果を出すために発信力

は常に意識するようしています。

　では，発信の成果とは何でしょうか。その発信内容によっていかに多くの人やターゲットに印象を与えることができるかが，その一つだと思います。相手に伝える，伝わる（理解される）ことも大切ですが，相手の記憶に残ることこそが重要だと考えています。では，どのようにすれば，印象や記憶をつくることができるでしょうか。私の場合は【意外性】【ブランド】，そして【新規性】といった要素を，発信の力としました。

　ちなみに私は，オカムラというオフィス家具メーカーに勤めており，働き方と働く環境の調査や研究という，ちょっと特殊でニッチな仕事をしています。そして，オウンドメディアの編集長を務め，働き方と働く環境の情報発信を行っています。その情報発信の一部で，働き方をテーマにしたビジネス誌『WORK MILL with Forbes JAPAN』を年2回，書店やインターネットで一般販売しています。その名のとおり，世界的な経済誌である『Forbes JAPAN』の編集部とコラボレーションして，企画から取材まで一緒に制作しています。オカムラはBtoBビジネスがメインであり，一般の方々の認知度は高くありません。また，製造業で何だか固い企業イメージがあります。そんな企業が『Forbes JAPAN』とタッグを組むという「意外性」，そして彼らの「ブランド」力を最大限に生かして発信をしています。何より，イチ民間企業がメディア企業とテーマ性を持って，新たな雑誌（メディア）を作ること自体が新しい取り組みであると，市場や業界ではとらえられました。その斬新さも相まって，多くの方々から注目を集め，高い評価をいただくことができ，現在も継続して発信し続けています。

　社会人基礎力に加え，学生や社会人など関係ない「**人生力**」としてですが，自分というキャンパスを常に塗り替えながら，オリジナルの絵（人生）を描いてください。自分の思い描いた形とは違ったとしたら，失敗したと落ち込むことなく，改めて考える機会を得たととらえ，経験値として積み上げてください。

　大切なことは，**考え，行動するサイクル**です。そして**チャレンジを楽しむ気持**ちさえ持ち続ければ，どんな局面でも，より良い方向へと舵を切ることができると思います。

写真　『WORK MILL』の表紙

第9章 「傾聴力」の巻
──相手の意見を丁寧に聴く力

> **傾聴力の奥義**
> 聞き上手は,相手の話をただ丁寧に聞くだけではない。傾聴力とは,適切な反応や質問で,相手が話したくなる環境をつくりだし,言いたいことを引き出す力と心得よ!

その後,基礎(きそ)まなぶ君は……

【入社3年目の4月】 きゃりあちゃんも最近,仕事が忙しいみたいだ。このあいだ久しぶりに会えたけど,ずっと仕事や同僚の愚痴ばかりだった。会社も職種も違う僕に言われても,そんなのわかるかよ! とりあえず「夏休み,旅行でも行かない?」と言ってみたら,「何言ってんの,無理! そんな余裕ないし。まなぶ君は休み取れていいね(怒)」ときたもんだ。そういえば,隣のデスクの足立さん,最近浮かない顔をしている。どうしたのかな? 話を聞いてあげたいけど,どんなふうに声をかければいいんだろう?

人はみんな，自分のことをわかってほしい

　私たちはみんな，そのままの自分のことを，批判されたり変えようとされたりしないで，わかってほしいし，受け入れてほしいし，大切に思ってほしいもの。その気持ちはとても強いものです。特に，ストレスを受けているときや，悩んでいるとき，困っているときはそうです。『3つの真実』[*1]という本に，老人が言った次の言葉があります。これが，相手をそのまま大切に受け入れる，という態度です。

　　相手に教えてあげなさい。
　　『君はそのままで素晴らしい存在なんだ』と。
　　相手の自尊心は，いい成績を取って褒められたときに満たされるのではない。
　　悪い成績を取っても抱きしめられたときに満たされる。
　　学校へ行けなくても抱きしめられたときに満たされるのじゃ。
　　いいことをしたからでも，いい結果を出したからでもなく，
　　自分があるがままで，そのまま無条件に受け入れられたときに，
　　その子の自尊心は満たされるのじゃ。　　　　　　（野口，2008，p.90）

　しかし，そのままの自分をわかってくれて大切にしてくれる，そんな人間関係は非常に少ないものです。だから私たちは，人に心を開くことがなかなかできません。まなぶ君の隣席の足立さんが，悩みごとがあるのに人に話しづらいのはそのためです。
　だからこそあなたが，話し手のことを相手の身になって理解して，大切に思う。そうなると，あなたはとても貴重な人になります。人から信頼され，

---

　　*1　野口嘉則（2008）『人生を変える"愛と幸せと豊かさの秘密"』ビジネス社．

好かれます。悩む人の心を支えることもできるようになります。

相手の話をよく聴く「傾聴」とは，**話し手がそのままの自分を受け入れ，大切に思う，その人間関係を提供する営み**なのです。それは決して，単に話を聞けばいいというものではありませんし，また，無理に相手の心を開かせようとするものでもありません。

もっとも，「相手を100パーセント無条件に受け入れる」というのは理想論であって，「すべての人のことをいつも完璧に理解し受け入れる」ということも，実際にはできません。でも，あなたが相手のことを，相手の身になってわかろう，受け入れようとするとき，その思いは少しずつでも相手に伝わります。そして，その努力のなかで私たち自身も成長します。

 ## 傾聴は人の支えになる

私たちは自分のホンネを人に話し，それをよく傾聴してもらえると，「自分のことを自分の身になって理解してくれている。ありのままの自分が無条件に受け入れられている」と，少しずつ実感できます。すると，私たちは言いたいことを言えるようになり，もっと話したくなります。

(1) 傾聴の基本

私たちは人の話を聞くときでさえ，相手の言うことについて，「良い」か「悪いか」，「正しい」か「間違っているか」を，教えようとしてしまいがちです。

でも，私たちが本音を話すとき，その内容は決して「正しいこと」ばかりではありません。たとえば，「愚痴を言うよりも前向きに取り組むべき」というのは，建前としては正しいことですが，きゃりあちゃんのように前向きな気持ちにはなれず，愚痴を言いたくなることもあるものです。

私たちが本音を話すとき，それを正されたり，否定されたり，評価されたりしたくはありません。わかってほしいのです。せっかく本音を話したのに，それを相手に「善悪」や「正しい・間違い」で判断されたり，正されたりすると，それだけで傷つきます。

だから，相手の話を傾聴するときには，相手の言うことを「それは良い」「それは悪い」などと判断するのではなく，できるだけ相手の身になってわかろうとすることが大切です。

また，私たちはしばしば，自分の意見や考えを言いたくなるものです。「だけどね，私は○○だと思うよ」「ぼくなら○○だけどなあ」など。しかし，相手が話をしているときは，まず相手の言葉に耳を傾けることが大切です。**自分の判断は横に置いて，話し手の思いをなるべくその人の身になって理解すること**が大切で，それこそ相手が心の底で求めていることです。

(2) 共感することが大切

相手の話を聴いているとき，心の中で「わー，それはイヤだったろうなぁ」「そうか，それはうれしいよなぁ」といったように，相手の話していること**をできるだけ自分のことのように，想像しながら聴く**よう心がけましょう。それは，傾聴において絶対に欠かすことのできない，共感というものです。話し手の気持ちや考えを，話し手の身になって想像して感じようとすることなく，単に「うん，うん」と言っていたのでは，共感の欠如はかならず話し手に伝わり，話し手にはあなたへの不信感や，自分の気持ちがわかってもらえない不全感が残ってしまいます。

このとき，気をつけたいことがあります。それは，共感とは話し手の感情に飲み込まれることではありませんし，話し手の言うことを「それが正しい」と判定することでもない，ということです。

たとえば，きゃりあちゃんがまなぶ君に仕事の愚痴を話すなかで，職場の先輩について不満を語ったとしましょう。感情に飲み込まれるとは，たとえば，きゃりあちゃんの話を聴くうちに，まなぶ君自身がその先輩に腹が立ってくることです。さらに，きゃりあちゃんの話を判定して，「それはひどい！きゃりあちゃんが正しいよ！ そんな先輩は無視しろ」とか，「そんなの先輩のほうが悪い！ そんな奴にはガツンと言うべきだよ！」などと，きゃりあちゃんにアドバイスしたくなるかもしれません。

しかし，そのときまなぶ君は，彼自身の怒りに飲み込まれて物事が見えなくなっています。きゃりあちゃんからすると，そんなふうに腹を立てられた

り，一方的なアドバイスをされたりしても，心の支えにはなりません。それどころか，困惑したり，かえって負担になったりさえしかねません。

傾聴するうえで大切なことを以下にまとめました。これはプロのカウンセラーを目指す方々へお伝えしていることですが，皆さんも人の話を聴くときに，ぜひ心がけて実践してみてください。

① 相手の話を自分のことのように想像しながら聴く。
② 相手をそのまま尊重し，受け入れる。
③ 理解的で受容的な態度で相手の話を聴く。

 大きくたくさんうなずくことが大切

相手の話に耳を傾けるときには，「うん，うん」「わかる，わかる」「なるほど」「あぁ，そうなんだ」などと，声を出しながら，大きく，たくさんうなずいて聴くことが，とても大切です。そんなふうに聴くほど，相手は「私の話に興味を持ってくれている」と感じることができ，少しずつ本音を言いやすくなります。

私はこれまで多くの傾聴実習セミナーをしてきましたが，「大きく，たくさんうなずきながら，聴いてください」と指示して練習をしても，参加者の大部分はうなずきが小さすぎるし，少なすぎます。くり返しますが，**「うん，うん」「はい」「なるほど」などと声を出しながら，大きく，たくさんうなずくこと**が，とても大切です。それをするだけで，今よりずっと聴き上手になります。

では，傾聴の実践方法に進みましょう。以下のコラムでいくつか課題を出しますので，実際にやってみてください。

COLUMN

実践！ 傾聴力

　傾聴するときには，たくさんうなずくことに加えて，相手が話した内容をときどき言葉にして返すと，相手はいっそう「わかってくれている」と感じられます。

　以下に，傾聴の良くない応答と適切な応答例を挙げますので，傾聴の実際を学んでいきましょう。ポイントは，あなたの考えを話したり，相手の気持ちを否定したりするのではなく，**相手の気持ちを相手の身になって理解しようと努め，相手の言いたいことのポイントを短く返すこと**です。

　では，きゃりあちゃんの発言に対し，4つの応答例と解説をお伝えします。あなたもまなぶ君になったつもりで，学んでみてください。

　　きゃりあちゃん（がっかりした様子で）：「昨日ね，初めて私の企画を発表したのに通らなかったの……」

●応答例　その①●
まなぶ君：「がっかりすることはないよ。次は絶対に通るよ」

【解説】

　相手ががっかりしているのを見ると，救ってあげたくなるものです。だから，元気づけようと思い，このような応答をしがちです。

　たしかに，きゃりあちゃんには，あなたのその温かい気持ちは伝わるでしょう。しかし，次は絶対に企画が通る確証はないはずです。そのため，この応答は気休めにすぎませんから，きゃりあちゃんは「私の気持ちを尊重して受け止めてもらえた」とは感じられないでしょう。このように言われると，きゃりあちゃんはあなたに気を遣って「そうね」と応えるかもしれません。または，もっ

と本音を言える関係であれば,「だけど次は企画が通るかどうかわからないし」と反論するかもしれません。もしくは,もう話さなくなるかもしれません。そのいずれにしても,きゃりあちゃんはあなたから心を閉じてしまいます。

●応答例　その②●
まなぶ君:「会議で意見を話せただけでも上出来だよ！」

【解説】
　この応答も,落胆するきゃりあちゃんを救ってあげたいという思いから出た応答でしょう。しかし,話し手が本当にガックリきているときほど,このような「プラス思考」では相手は救われません。
　言われる側になって考えてみましょう。たとえば,あなたが恋人にフラれて悲しくて悲しくてたまらず,ひどく落ち込み,その辛すぎる気持ちを思い切って誰かに打ち明けたとします。もしそのとき相手から,「恋人がいただけいいじゃないの」とか,さらには「私なんかずっと恋人がいないんだから」と返されたりしたら,気持ちが軽くなるでしょうか？　軽くなるどころか,それ以上話したくなくなるでしょう。

●応答例　その③●
まなぶ君:「企画が通らなかった原因を見つけて,次は通せるよう頑張って仕事をするといいよ」

【解説】
　仕事において,このような前向きな問題解決思考は重要です。しかし,人間関係はそれだけでは,うまくいかないことがあります。私たちが本音を語るとき,「正しいこと」ばかりではないからです。それが人間です。
　そのことを理解するために,再び,あなたが恋人にフラれて辛すぎる気持ちを,誰かに打ち明けた場面を想像してみましょう。あなたが苦しい本音を思い切って打ち明けたときに,もし相手から「なぜフラれたのか,その原因を見つけて,その欠点をちゃんと修正し,次からはフラれないようにするんだよ」と,

前向きな問題解決のアドバイスをされたらどう感じるでしょう。そのアドバイスは理屈としては正しいかもしませんが，私たちはそんなことを言われても前向きになるどころか，いっそう辛くなるでしょう。

> ●応答例　その④●
> まなぶ君：「そっか。頑張ったのにね。すごくがっかりなんだね」

【解説】

　きゃりあちゃんのがっかりする気持ちを，あなたがなるべく自分のことのように想像して感じながらこのように返すと，きゃりあちゃんは，「私の気持ちをわかってもらえたし，受け入れてもらえた」と感じられるでしょう。すると，きゃりあちゃんは，企画が通らなかった落胆や悔しさをさらに強く感じ，**さらに本音を話していく**かもしれません。それをさらに傾聴していくと，きゃりあちゃんが**苦しい感情を充分に感じた後に，少しずつ，前向きな心の動きが生まれてきます。**

　この，本当に前向きな心の動きが起きるには，時間がかかることもあります。話をしている途中に，あなたの目の前では起きないかもしれません。しかし，自分の気持ちを話しても**否定されたり正されたりすることなく，それをわかって受け入れてもらう経験をくり返す**ことで，時間はかかるかもしれませんが，前向きで建設的な心の動きが起きやすくなります。

いかがでしたか？　あなたの応答はどれに近かったでしょうか？

以下に，傾聴力に必要な要素をまとめました。

> **【傾聴力を培う3つのステップ】**
> ① 相手の話を傾聴し，たくさんうなずく。
> ② 相手の気持ちを自分のことのように想像する。
> ③ 相手が伝えたい内容を短く返す。

「傾聴力」を学んだ皆さんへ

　傾聴の本質は，話し手のことをなるべく**話し手の身になって理解する**ことです。またそのとき，話し手を**そのままで大切に思い**，**尊重する**ことです。それがいつも完璧にできる人はいません。でもそれを目指すことで私たちは自分の器が大きくなり，自分自身も成長できるのです。

　傾聴ができれば，人から信頼されるし，同性からも異性からも好かれ，人間関係がどんどん豊かになります。

　ぜひ傾聴に努めてくださいね。

先輩からのエール

―― 福田晴一さん
NPO法人「みんなのコード」主任講師，
東京都特別支援教室巡回相談心理士，
戸田市コミュニティ・スクール・アドバイザー

◆傾聴は，耳で聞いて眼で聴く心の窓口◆

　私は40年の教員経験から，傾聴とはコミュニケーションの基本だと思っています。コミュニケーションとは「発信者」と「受信者」のやりとりであり，情報伝達であり，思いを伝え合うことです。発信者・受信者の双方が，自分の思いが伝わっているかを確認する行為が，コミュニケーションの質を高めます。この確認行為は傾聴力を高めるものであり，人間関係を円滑にします。ただ単に，相手に伝わる確認行為を行えばよいわけではありません。ついつい現実の場面では，相手の考えや思いに対して良い・悪いの判断をしてしまったり，自分の意見を加えてしまったりしがちです。大切なのは，**誠意をもって，ときには時間をかけて傾聴すること**です。つまり，**相手を尊重し，"我がこと"として受け入れること**です。丁寧かつ時間をかけた傾聴の先には，信頼関係が構築されるはずです。そのためにも，**耳で聞き，眼で心の内側を感知し，聴き取る**ことです。まさに，傾聴は**自分と他者をつなぐ心の窓口**です。

　右の図は「聴」の字の旧字体です。つまり，「聴く」とは，耳・目・心を持って聴くということです。また「聴」と「徳」の右側は同じ形をもっています。だとすると「聴」は，「徳をもって耳を傾ける」ととらえることもできます。相手の話をしっかりと傾聴するには，こういった心構えも大切なのですね。

Question①：大学生の頃，どんなときに傾聴力が必要だと感じましたか？
Answer――私は学生時代，スキークラブに所属していました。冬の1カ月以上に及ぶ合宿では，日頃仲の良い同級生や先輩・後輩でも，些細なことで，トラブルになることがあります。

体育会に所属するクラブは，トレーナーという立場の部員がいます。トレーナーはプレーヤーを指導し，コンディションを整える人で，トレーナーもときにはプレーヤーとして競技に出場します。

私が2年生のときです，スキー板を保管する乾燥室で板のチューンナップをしているとき，3年生のA先輩が同じ3年生のKトレーナーに，強い口調で話をしている場面に出くわしました。2人の先輩は私がいることに気がつかなかったようです。A先輩はエース級の選手でしたが，長い合宿生活とプレッシャーからか，Kトレーナーに「食事が美味しくない」とか「同室の部員のイビキがうるさい」など，愚痴をこぼしており，「大会前のコンディションが良くない」と言っていました。Kトレーナーは相槌を打つように「そうだよな」「わかる，わかる」と自分のことのように受け入れ，A先輩の発言に意見するわけでもなく，共感の時間が流れました。そのうち，A先輩からは「本当は，今度のレースが不安で……」と本音らしき言葉が出てきました。Kトレーナーはそこではじめて「みんな同じだよ」と，自分の意見らしきコメントを発したと記憶しています。

その後A先輩は期待に応え入賞し，満面の笑顔で戻ってきました。そして，Kトレーナーと握手をしていました。Kトレーナーも大会に出場し，満足する滑りができたと言っていました。

その合宿から帰京したとき，Kトレーナーは私にこんなことを言いました。「あのときのAは本当に不安だったんだろうな。最初は愚痴っぽい話をしていたけれど，少しずつ本音が出てきて，それを俺に話したら何かスッキリしたような様子だった。俺だってAと同じ心境なんだけれど，聞いているうちに，実力あるAも同じなんだと，なんだか自分自身もスッキリしたような気がしたよ」と。私は，彼はトレーナーとして最適な人材だと思いました。

傾聴と聞いて私がすぐに思い浮かぶのは，このエピソードです。K先輩は，「傾聴」で人の支えとなりながら，自らの力としている理想型かもしれません。彼はトレーナーとしての実践を通して，「傾聴力」を磨いていたのです。Kトレーナーとは，今でも家族ぐるみでお付き合いしている仲です。現在も，折に触れて強い「傾聴力」を感じています。彼と話をすると，何かスッキリと心地よい気持ちになるのはそのためでしょう。

Question②：社会人になって，傾聴力をどうやって伸ばしたのですか？

Answer——40年の教員生活の後半は管理職を経験し，保護者や地域の方々を

含め，いろいろな考えをお持ちの方と関わりました。ここでは，保護者対応において，傾聴力と一貫性を培ったエピソードを紹介します。

　このケースはご両親からの，我が子がクラスで仲間外れの傾向にある立ち位置，級友からの冷やかしとも取れる言動，そして友だち関係についての問い合わせでした。来校当初から，学校の対応に不信感を持たれているのは一目瞭然で，お母さんは顔が紅潮し，手にハンカチを握りしめています。お父さんは現実を理路整然と述べられ，課題を浮き彫りにされます。毎週のようにご両親で何度も来校され，お子さんの現状を説明し，改善を求められました。私は校長として，土曜・日曜関係なく，指定された時間に誠実に対応して聴き入りました。ときには，2時間の予定が倍になることもありました。

　私も生身の人間ですから，頭にくることもありました。感情的になりそうなときには，私も子どもがいますので，もし我が子だったらと…と置き換えながら傾聴しました。時間をかけ，丁寧に，ご両親の思いをお聴きし共感しました。とはいえ，学校として対応できることと，できないことがあります。そこは校長として，できる対応は責任もって期限を決め，取り組むことを約束し，対応しかねる内容については理由を明確に簡潔に伝え，受け入れませんでした。ご両親は，感情的になる場面もありましたが，できることは必ず取り組む，できないことはその旨を貫きました。

　度重なる話し合い，対応できることから取り組んだ結果，少しずつ状況も良くなりました。子どもの変容とともに，ご両親の表情も柔らかくなり，来校も少なくなりました。半年ほどの保護者とのやりとりで，改善に至りました。

　このケースにおいて，私がもしその場しのぎで，軽率に対応しかねる内容も受け入れていたら，担任も対応に苦慮し，保護者も「約束が違う」と再燃しかねません。非常に難しいケースでしたが，**傾聴の基本である「相手を尊重し受け入れる」「受容的に相手の話を聴く」**姿勢に徹底して対応しました。傾聴に傾聴を重ね，時間をかけてからの発信です。

　傾聴力は一朝一夕に伸ばすものではなく，このようなケースをさまざまに経験し，現場経験（OJT）を通して，少しずつ培うものです。まさに「経験に勝るものなし」ですので，皆さんもこれから，実践を通して傾聴力を養い，より円滑な対人関係を築いていただきたいと思っています。

Question③：社会人として傾聴力の大事さを実感するのは，どんなときですか？

Answer──それは私を慕い信頼し，ご自身の悩みを相談されたときです。一般的に自身の悩みは秘めがちですので，それを打ち明けるということは，私のことを信用してくれている表れです。相談された私も自己肯定感が高まります。そして，丁寧に傾聴することで，相談者に何らかの変化が生まれたとき，私自身も成長する喜びを感じます。皆さんもこのような経験をお持ちではないでしょうか。

　傾聴力を伸ばす要素は，本人の生来持つ資質能力，そして置かれた環境と時間だと思います。多様な人間関係にある学校というフィールドは，傾聴力を養うのに，もってこいの環境ではないでしょうか。また時間は，「経験」という時間軸です。皆さんの場合，環境と時間の要素は，これからついてくるものです。「今，自分は傾聴力が弱い…」と思っている方もいるかもしれませんが，まったく心配はいりません。この本を読んで「傾聴力」という言葉を頭の隅に置きながら，充実した生活を送れば，自ずと高まるはずです。

第10章 「実行力」の巻
——目標を設定し確実に行動する力

> **実行力の奥義**
>
> 日頃のルーティンをこなすだけでは実行力は上がらない。自分にとって少しだけ難しい挑戦をしたり，少しだけ高い目標を決めて，それに向かってがんばることが実行力を鍛えると心得よ！

その後，基礎まなぶ君は……

【入社3年目の1月】 品川部長から嬉しいニュース！ 企画したヘルスケアアプリを改良した企画案が社長の目に留まったらしい。「これ，いいんじゃないか？」って。むちゃくちゃ嬉しい！ もしかしたら，新規事業の候補になるかもしれない。もし採用されたら，プロジェクトリーダーに立候補してみたい。人前で話すのは苦手だし，リーダーなんて初めてだけど，僕が作ったプランだしな。少し背伸びして，挑戦してみようかな!?

実行力とは何でしょうか。社会人基礎力では，「目標を設定し，確実に行動する力」とされ，前に踏み出す力（アクション）のなかの一要素として取り上げられています。具体的な行動としては，「小さな成果に喜びを感じ，目標達成に向かって粘り強く取り組み続けることができる」「失敗を怖れずに，とにかくやってみようとする果敢さを持って，取り組むことができる」「強い意志を持ち，困難な状況から逃げずに取り組み続けることができる」などが挙げられています。それでは実行力について，まなぶ君を例として考えてみましょう。

まなぶ君が入社して3年目の正月を迎えました。読者の皆さんは，プロジェクトリーダーとしてチームを引っ張っている渋谷先輩に，まなぶ君が憧れているのは，よくご存じだと思います。まなぶ君は「いつか渋谷先輩みたいになりたい，若いうちから仕事を任されるような人材になりたい」と，これまで頑張ってきました。そんなまなぶ君が提案したヘルスケアアプリの企画に，社長が興味を示してくれました。

まなぶ君は，早速このことを渋谷先輩に報告しました。すると渋谷先輩からこう言われました。「そうか，良かったじゃないか！　社長のアンテナに引っかかったってことだな。さあ，本番はこれからだ。アイデアを具体的な形にしていかないといけない。で，君はどんなふうに進めようと思っているのかな？」。

実行には具体化が大事！

まなぶ君，さあ困りました。社長が興味を持ってくれた，イコール，プロジェクトが立ち上がる，というわけではありません。まなぶ君，心の中でつぶやきます。「そうか，『いいんじゃないか？』と言われただけで，プロジェクトになるかどうかは別の話だ。そりゃそうだよなぁ。事業として成功するかどうかもわからないんだから，もっと具体的に詰めていかないといけないんだ……」。

まなぶ君はさらに考えます。「企画の具体化と進め方か。どうやったらいいんだろう？　このプランの売りは，体の症状や受診に対してAIがアドバイスをくれたり，近くの病院を予約できたり，薬・サプリの検索や予約をできるってところ。きっと社長も，このあたりに興味を持ってくれたんだろうなぁ。これを具体的に形にしていくには，何から手をつけたらいいんだろう？　まずは，こういう機能が実際に動くための仕組みについて考えなくちゃ。それに健康や体について……具体的にどんな悩みがあるんだろう？　性別や年齢によっても違うだろうし，体だけじゃなくて心の悩みもあるかもしれない……。そもそも，僕は医療に関する知識はほとんどない。『あったらいいな』ぐらいの感覚でアイデアを提案してみたけど，もっとデータに基づいて考えないとダメだなぁ。そして，進め方だ。やるべきことを挙げてリスト化して，どんなメンバーとどれくらいのスケジュールで進めていくか，案を立てなくては。でも，一人じゃとても無理だ。あぁ，えらいことになった。どうしよう……やっぱり渋谷先輩に相談してみよう」。

　まなぶ君はどのように進めていったらいいのか，自分一人では具体的な検討はできないこと，大それた提案をしてしまい少し後悔していることなどを，渋谷先輩に話しました。

どうしたらやり抜けるのか？

　まなぶ君の悩みを聞いた渋谷先輩は，次のようにアドバイスをしてくれました。「いいか，君はこのプロジェクトをやりたいと思っているんだろう？　だったら，"絶対にやり抜く"という強い意志を持たないといけない。たぶん，大変なことが次々と降りかかってくる。それに負けないだけのやり抜く力が必要だ。僕が最近読んだ本によると，物事を成し遂げた人たちに共通する特徴が，"情熱""高い目標""粘り強さ"だそうだ」。

　渋谷先輩の説明をまとめると，以下の（1）〜（3）のようになります。

(1) 情熱

プロジェクトの立ち上げでは困難な局面に立つことも多いため，情熱がなければ続けることはできません。新しいことを始めるときは，必ずと言っていいほど周囲の抵抗や想定外の事態などで，困難な状況に陥るものです。そんなとき，情熱がなければ，前に進むことはできないでしょう。

(2) 目標

物事を成し遂げるのに必要なのが，目標を持つこと，それも高めの目標を持つことです。目標には以下の4つの機能があります。

① 目標を持つことで，自分は今，何に集中すべきかわかる。

② 目標はエネルギー源になる。人は簡単に手に入るものよりも，ちょっと頑張らないといけないものに一生懸命になる。高い目標にもそうした効果がある。だから目標を持つことによって，情熱が生まれる。

③ 目標は粘り強さを引き出す。高い目標を成し遂げたとき，大きな達成感が得られる。それを味わうために，もうちょっと頑張ろうという気持ちになった経験は，誰しもあるだろう。

④ 目標は自分の持つ資源と課題を発見し，その課題を解決するための新たな戦略を見出すことにもつながる（第3章 課題発見力を参照）。

(3) 粘り強さ

困難に直面したとき，あきらめないでやり続けるためには，粘り強さが不可欠です。粘り強く物事に取り組める人は，物事をやり遂げるためにハードワークは不可避であることを受け入れ，それを淡々とこなす人です。たとえば受験のとき，目標とする学校に合格するためには，受験科目の勉強に集中し，ひたすら過去問などをこなすしかありません。でも，それをやることで合格に近づくことがわかっているから，粘り強く頑張れるのではないでしょうか。

COLUMN

GRIT（やり抜く力）

GRITとは，英語で「困難にあってもくじけない勇気，気概，闘志」といった意味です。ペンシルベニア大学のアンジェラ・ダックワース教授はGRITについて長年研究を行い，そこから明らかになったことをTEDや書籍で紹介しています。

●**挑戦する努力**●

ダックワース教授は，成功する者と失敗する者を分けるものは何か，というテーマで研究を行ってきました。たいてい，私たちは成功している人たちを見て，「あの人は特別な才能があるから」とか，「自分にはそのような才能はないから，努力しても無理だ」と考えます。しかし，ダックワース教授はこれまでの研究結果から，**才能だけでは成功できない**ことを指摘しています。

彼女が以前，公立中学校の教員として数学を教えていたとき，数学的概念の飲み込みが非常に速い子と，そうでない子がいました。ところが，最初の学期の成績評価を行うと，能力の高い生徒たちは必ずしも良い成績を取っておらず，最初はなかなか問題が解けずに苦労していた生徒たちのなかに，予想以上に良い成績を取った生徒がいたのです。そのような生徒は，最初からすぐに問題を理解できなくても**あきらめずに挑戦し，コツコツと努力していた**そうです。

●**情熱と粘り強さ**●

また，数千名の高校2年生を対象にアンケート形式の性格テストを行い，その後高校を無事卒業したかどうかとの関連性を確かめたところ，卒業した生徒たちは，やり抜く力が強かったそうです。

ダックワース教授によると，やり抜く力に重要なのは，**情熱**と**粘り強さ**だそうです。情熱とは，困難に直面してもそれをやり続けるエネルギーを持ってい

ることで，粘り強さとは，そのようなときにあきらめずに，コツコツと継続的に取り組み続けることです。そして，この2つの源泉となるのが，**目標**であるといいます。

目標は，**努力しないと達成することのできない，少し背伸びしたものである**ことが必要です。容易に達成できるのならば，情熱も粘り強さも必要ありません。

そして目標には階層性があります。上位にある目標は最も重要な目標で，その下にある目標は，重要な目標を達成するために設定されるものです。上位の目標の下に中位の目標，そして中位の目標を達成するために下位の目標が複数あります（図10-1参照）。

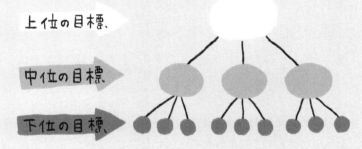

図10-1「**GRITやり抜く力**」（ダックワース〈2016，邦訳p.101〉を元に著者作成）

実際に取り組むのは下位の目標からになりますが，そのなかにうまくいかないものがあってもよいのです。別の下位目標に取り組む，あるいはできなかった下位目標にかわる新たな下位目標を立て，それに取り組む。そうしたことのくり返しによって，中位目標を達成し，最後には上位目標を達成するというわけです。

> いっきに上位目標をやり遂げようとしても，それは無理な話です。自分がやろうとしていることをブレイクダウンし，日々の具体的な作業に落としていく，それをコツコツと情熱をもって粘り強くやり続けること，それがやり抜く力であり，目標を達成することにつながるのです。

周りにある資源を見つけ出そう

　渋谷先輩からやり抜く力についてアドバイスをもらったまなぶ君，さっそくそのアドバイスを実践しようとしています。

　まずは，目標を立てるところから始めました。まなぶ君がヘルスケアアプリを作る動機を整理すると，「忙しく働いている人は，つい自分の健康をおろそかにしてしまう傾向があり，それを何とかしたい。だから，効率よく自分の体をケアできるようなサービスを考えたい」ということでした。したがって，目標は「忙しく働く人が効率よく健康をケアできるアプリを作る」としました。

　では，具体的なアプリの内容を考えるにあたって，人々がどのような悩みを持っているか，それをどう解決につなげていくかを知る必要があります。幸い，まなぶ君は大学で社会調査を勉強したので，調査や統計を使った分析は得意です。しかし，医療やアプリ開発の知識が足りません。この課題を解決するには，医療やシステム開発に詳しいメンバーの助けが必要です。これが，渋谷先輩が話してくれた「自分の資源と課題を認識する」ということです。

　まなぶ君，「プロジェクトは自分一人でやるわけではなく，周囲と協力し合って，資源を活用し合えばいいのだ」と思いました。

周りの助けを得るためには謙虚さを忘れずに

「もうひとつ言い忘れたことがあったよ」と渋谷先輩がやってきました。「今回のプロジェクト立ち上げで，周りと協力し合って資源を有効活用する，ということに気づいたと思うんだ。そのときに大事にしてほしいのが『謙虚さ』だ」。会社の上司や同僚は皆，忙しく過ごしています。そのようななかでも，「協力してあげよう」と思ってもらうためには，謙虚であることが必要です。謙虚とは，素直であること，思慮深いこと，無欲，他者から学ぶ気持ち，新しい考え方を受け入れる柔軟性，感謝，などが含まれます。協力してもらう，教えてもらうのを当たり前と思うのではなく，大切な時間や労力をいただいている，という謙虚な姿勢で他の人の力を借りることが大事なのです。「逆に，今度は君が何か周りの人たちから助けを求められたら，できるだけ力になってあげてほしい。謙虚であることは，良い人間関係を築くのに不可欠だ」，とも渋谷先輩は言いました。

いくらまなぶ君が素晴らしいアイデアを持っていて，優れた統計解析力を備えていても，周囲のメンバーから協力が得られなければ，新しいプロジェクトを進めることはできません。何かを実行していくには，自分の力はもちろんですが，良い人間関係を基盤としたうえで，いかに周囲を巻き込んでいけるかが重要なのです（第12章 働きかけ力を参照）。

まなぶ君，ヘルスケアアプリのプロジェクトを立ち上げ，プロジェクトリーダーになるという目標に向かって，歩み始めました。

【実行力を培う3つのステップ】
① 高い目標を持つこと。
② その目標を達成するために情熱を持つこと。
③ うまくいかなくてもくじけないで粘ること。

「実行力」を学んだ皆さんへ

　実行力を持って物事をやり抜くためには，「情熱」と「粘り強さ」が必要だということ，そしてその源泉となるのが「目標」であることがおわかりいただけたと思います。「情熱」と「粘り強さ」は抽象的ですが，「目標」を立てるのは具体的な行動であるため，わりと容易にできます。その際，大きな目標，中くらいの目標，小さな目標と，ブレイクダウンし，できるだけ具体的で，日々の生活に取り込み，習慣にできるような目標を設定することが大切です。そして，その目標を達成できるように「情熱」を持って，「粘り強く」取り組むのです。

　たとえば私たち研究者は，論文を書くことが仕事です。大きな目標としては「○○という雑誌に自分の論文が掲載される」ことですが，それを達成するためには「1日30分書く」といった具体的な目標を作り，黙々と実行することから始まります。

　ダイエットなどでも，「1日10分，おしゃべりできるくらいの速さでジョギングする」なんてことが紹介されていますよね。皆さんの目標も，まずはブレイクダウンして，日々の生活に取り込むことから始めてみましょう。

【参考文献】
経済産業省編（2008）「今日から始める社会人基礎力の育成と評価——将来のニッポンを支える若者があふれ出す！」経済産業省
アンジェラ・ダックワース著／神崎朗子訳（2016）『やり抜く力GRID——人生のあらゆる成功を決める「究極の能力」を身につける』ダイヤモンド社
アンジェラ・ダックワース「成功のカギは，やり抜く力」［https://www.ted.com/talks/angela_lee_duckworth_grit_the_power_of_passion_and_perseverance?language=ja］

先輩からのエール

——古市盛久さん
（株）御用聞き 代表取締役社長

◆「想像力×小さな実行」の積み重ねが大事！◆

　よく言われる話ですが，ダイエットは明確な目標（「あの服を着たい」など）と，細かい実行（「デザートを食べない」「エスカレーターを使わない」など）のくり返しです。ここでポイントなのが想像力です。「服を着たい」ではなく，着た自分をイメージする。**いかに目的を立体的に映像でイメージできるかが，心のコミットメントにつながる**，と私は過去の経験から思います。

　心の覚悟が固まると，小さい問題は意識で吹き飛ばせます。同様に重要なのが小さな実行です。「世界中の人々を笑顔にしたい」という志も，一人の人間の笑顔の積み重ねです。**小さな実行が習慣となれば，大きな課題も解決できます**。強い想像と小さな実行，ぜひ皆さん意識してみてください。

写真1　前掛け1枚から御用聞きはスタートしました

Question ①：大学生の頃，どんなときに実行力が必要だと感じましたか？

Answer——思い浮かぶのは卒論です。マーケティングのゼミに所属しており，テーマは「100円ショップの流通形態について」でした。100人の出口調査（アンケート）を行うという内容で，ノウハウも段取りも一切わからないまま，単位欲しさに100人アンケートに取り組みました。今振り返ると，店舗への事前挨拶もなし，途中店長に見つかり追いかけ回されるという始末（笑）。今ではよい想い出です。

　また，学生時代の実行力といえば，合気道でしょうか。当時近くの町道場に通っており，2つの道場を掛け持ちして，週に6日，稽古をしていました。とことんやりきることで自信につながり，結果的に社会人になった今でも「合気道」というキーワードが，人とつながるキッカケになっています。就職活動のときにも大変役に立ちました。

Question ②：社会人になってから実行力をどうやって伸ばしたのですか？

Answer——経験（数と質〈結果〉）の積み重ねでしょうか。悔しい失敗が実行力につながった出来事があります。起業してしばらくは，営業の機会を失することが多くありました。「あの時こうしていれば」「声をかけていたら仕事になったのに」と，夜中にクヨクヨしている日々のなかで，ふと気づく瞬間がありました。「やらずにクヨクヨするなら，やってクヨクヨしよう。どちらにしても同じことだ」。それからはビジネスチャンスに出遅れることなく，一歩踏み出すことができるようになりました。

　御用聞き事業をスタートした当初，本当に資金繰りが厳しかったです。宣伝をしないと知ってもらえない。お金がないと宣伝できない。この考えが頭の中を占領しているなか，途中で考えに変化がありました。「お金がなければ宣伝できない……？　いや，お金がなくとも宣伝できる方法があるのではないか」。現在，御用聞きはテレビや新聞，web，ラジオ，雑誌など，さまざまな媒体に取り上げられています。「メディアに出ることで宣伝広告費を圧縮する」という基本戦略が生まれました。戦略が決まれば，後は細かいハードルを飛び越えるだけ。それではどうしたらメディアに取り上げられるか？　成功のイメージが持てたので，行動は加速しました。テレビに取り上げられる ⇒ 視聴者に共感や驚きがある ⇒ ユニークである（希少価値）。他の人がやらないようなことを誰よりも早く徹底して行動する。御用聞きのメディア戦略を通じて，実行力は上がりました。

Question ③：社会人として実行力の大事さを実感するのはどんなときですか？
Answer——御用聞きが取り組む事業領域を，ソーシャルビジネスと言います。ソーシャルビジネスとは，「利益を上げるテーマが社会課題であり，経済循環を伴いながら社会課題を解決すること」と私は理解しています。社会課題を事業にすることは，社会課題を解決しながら利益を出すことであり，とても難しいのです。簡単にできるようであれば，誰かがすでに取り組んでいるわけですから。

このソーシャルビジネスにおいて大事なのが，創造力と実行力です。私は御用聞きを始めて，創造力と実行力の重要性を強く感じています（創造力については第7章参照）。**問題を解決するロジックを生み出す創造力と，仮説を遂行する強い実行力**です。また，自分たちの信じるゴール（目標）まであきらめずに推進する胆力が大事です。間違いなくこれからの時代に必要な能力として，実行力は求められると思います。

写真2　御用聞き主催の事例報告会の様子

第11章 「柔軟性」の巻
―― 意見の違いや立場の違いを
理解する力

柔軟性の奥義

「十人十色」というように，人それぞれ考えや立場が違うのは当たり前。それぞれの状況を思いやり，理解しようとすることは，円滑な人間関係への第一歩となると心得よ！

その後，基礎まなぶ君は……

【入社4年目の4月】 統括本部に新たなメンバーがやってきた。しかも2人だ。1人は中国人で，日本の大学に留学し，卒業後すぐにウチに就職した男性。文化の違いからか，どんなときも大声で話すし，すべてにアグレッシブで，たまにひくときがある。しかも，周りの人にストレートな言い方をするから，みんなとうまくやっていけるかちょっと心配。2人目は，僕より15歳年上の女性だ。同業他社から即戦力として転職してきた人なんだけど，家庭の事情で残業できないらしく，いつも忙しそうだ。歓迎会のとき，保育園のお子さんと，単身赴任中の旦那さんがいるって言ってた。「リアル・ワンオペ育児です」って言ってたけど，正直結婚もしていないし子どももいない身としては，その辺の話はしづらいなぁ。

第11章「柔軟性」の巻　135

> このまえ久しぶりに新宿先輩と飲んだとき,「4年目になって仕事はどうだ?」って聞かれたから,新たに同僚となった2人とのコミュニケーションで悩んでいることを話してみた。すると,「まなぶには,もうちょっと柔軟性が必要だよね。つまり,ダイバーシティってこと」だって。なんだそれ？　女性活躍推進とかってこと？

久しぶりに会った新宿先輩から,ヒントをもらえましたね。でも,まなぶ君にとっては,「ダイバーシティって何のこと？」のようです。皆さんはいかがですか？

ダイバーシティ――「個人の強みを持ち寄り,チームとしての問題解決能力を高める」戦略

(1) ダイバーシティとは

ダイバーシティとは,「従来の組織のスタンダードにとらわれず,さまざまな属性に基づく多様性を尊重し,受け入れ,価値・発想を取り入れることで,組織の成長につなげようとすること」とまとめられています[*1]。「さまざまな属性」とは,比較的外見から判断できる「表層」の属性である,性別,年齢,人種・民族,国籍,婚姻の有無,障害の有無などや,人をより深く知ったうえでないと明らかにならない「深層」の属性である,学歴,仕事歴,宗教,性的指向,視点,考え方,価値観,スキル,犯罪歴などです。要するに,一人ひとりの表層の属性ではなく,その人が持っている深層の属性や個々人の能力を重視し,生かして,チームとしての多様性を尊重し,**問題解決能力を高めよう**,というのがダイバーシティです。従来の「相手の立場を知り,思いやりをもとに相手に接しよう」という取り組みとは異なり,**あくまで戦略的なもの**です。

---

*1　国立国会図書館調査及び立法考査局編（2017）『ダイバーシティ（多様性）社会の構築――総合調査報告書』国立国会図書館。

現在はグローバリゼーションが進み，どんどん仕事のスピードが速くなっています。たとえ今まで成功体験を積み重ねてきたとしても，画一的な属性を持つ集団では，予期せぬ事態に対応できません。また日本では，人口は2008年をピークに，生産年齢人口（15 ～ 64歳）も1995年をピークにそれぞれ減少しており，人口も働き手も減る一方です。そのため，**それぞれができる範囲で働くという多様な働き方を認め合う**ことが，欠かせないものとなります*2。多様性を持つチームで，その強みを生かしていこう，というのがダイバーシティの基本的な考え方です。つまり新宿先輩は，このようなダイバーシティの考え方を理解して，柔軟性を意識した働き方を，まなぶ君にアドバイスしているのです。

(2) ダイバーシティのメリットとデメリット

さまざまな人間が集まるので，メリットもデメリットもあります。メリットは，互いに未知な情報を分かち合い，新しい考えや気づきが生まれる結果，チームとして能力が高まる可能性があることです。一方，多様な考え方のぶつかり合いで，効率が下がるデメリットもあります。

想像してみてください。皆さんが，①自分と同じ表層の特性を持つ人ばかりの職場で働くのと，②育児や介護をしながら働く社員や，異なる文化背景を持つ外国人と同じ職場で働くのと，どちらが未知で多様な情報を分かち合うことができるでしょうか。おそらく②でしょう。では，どちらが意見のすり合わせが難しそうでしょうか。やはり，おそらく②でしょう。まなぶ君が直面しているのと同じ状況ですね。

(3) ダイバーシティへの理解は組織へのコミットメントも高める

また，まなぶ君は，「健康で，家庭問題も特になく，プライベートなことにパワーを割く必要もなく，仕事に時間的制約の少ない，日本人の，男性」であり，職場では現在，多数派（マジョリティ）に属します。しかし，ある

＊2　国立社会保障・人口問題研究所（2017）「日本の将来推計人口（平成29年推計）」〔http://www.ipss.go.jp/pp-zenkoku/j/zenkoku2017/pp_zenkoku2017.asp〕。

日定期健診で「二次検査を要します」との結果が出され，精密検査を指示されたとします。「健康」はふだんは意識しにくいものですが，いったん損なわれると，途端に私たちの感情・時間・お金を必要とします。

　精密検査を受けるまで，「今後，自分はどうなってしまうんだろう」と不安になり（感情のコスト），検査方法の相談や通院・入院に時間を取られ（時間のコスト），検査や治療に費用がかかり（お金のコスト），その結果として，仕事へ使うことができる心身のエネルギーや時間が減ります。こうなると，時間的制約を気にせず仕事をすることは難しく，限られた時間でいかに効率よくパフォーマンスを上げていくか，という価値観が必要になります。この「視界の変化」[3]を手に入れたとき，病気になったという経験はデメリットだけでなく，メリットとなります。

　しかし，会社に「長時間働ける人が最も価値がある」と見なされている企業風土があったとしたら，どうでしょうか。検査結果が思わしくなく入院することになり，長期間仕事を休まなければいけないとなったら，自分はもう会社にとって価値のない，一人前の社会人ではない，と考えてしまうのではないでしょうか。仕事をやめたい，という気持ちになるかもしれません。

　一方，「労働時間に関係なく，その人が，その時，可能な範囲で精いっぱい会社に貢献することに価値がある」という風土の会社で働いていたら，どう感じるでしょうか。「検査で異常が見つかったことは不運だったけれど，今の自分ができることを一所懸命にやろう。体調管理の方法を模索しつつ，仕事もできる範囲で頑張ろう」という気持ちになるかもしれません。精密検査の結果，異常がないとわかったら，「再検査は大変な経験だったけど，健康の有り難みを知って，良い体験だったともいえる。職場の人たちも，一時的に仕事をこなせなくなった自分を支えてくれて感謝している。頑張って恩返しをしよう」と，職場へのコミットメントが高まるかもしれません。

　このような周囲の人の「利他的行動」により，感情的なコミットメントが高まることが研究でも知られています[4]。昔から「情けは人のためならず」

---

　*3　佐藤博樹・武石恵(2017)『ダイバーシティ経営と人材活用──多様な働き方を支援する企業の取り組み』東京大学出版会。

と言います。「人に対して情けを掛けておけば，巡り巡って自分に良い報いが返ってくる」という意味です[*5]。**ダイバーシティは，多様な価値観が同時に存在することを認め，どんなあなたもそのまま存在することを認めてくれます。**

すべての属性や経験を，一人で全部体験することはできません。**一人ひとりの経験や背景を持ち寄って，それを強みとし，チーム戦でやっていける職場を目指す，そして自分も恩恵を受ける，**という気持ちを持ってみましょう。

属性に基づく「レッテル貼り」に注意！

(1) レッテル貼り（無意識バイアス）を認識することが，認知の柔軟性向上の第一歩

私たちは物事を理解する際に，情報を圧縮して理解しようとします。その際，統計的な情報や，その背景にある情報を十分に吟味して情報を圧縮するのが"類型化"で，十分な吟味なしに今までの経験や思い込みによって情報を圧縮するのが"レッテル貼り"です。すべての物事に対して，自分で類型化を行うのは大変です。一方，レッテル貼りは，今まで自分が生きてきたなかで自然と収集してきた情報に基づいて行えるもので，類型化に比較して省エネですから，ついつい誰もが無意識に行っていることです。これを"無意識バイアス"とも呼んでいます。この無意識バイアスは，自らの認知の柔軟性を阻害する要因です。

たとえば，まなぶ君が「ダイバーシティ」から真っ先に思い浮かべた"女性活躍推進"は，確かにダイバーシティの最大の課題のひとつです。育児や介護などの家庭内の役割を担っていることを，「家庭内ケア責任」と呼びま

---

*4 日本心理学会監修，高木修・竹村和久編(2014)『思いやりはどこから来るの？——利他性の心理と行動』誠信書房．
*5 文化庁（2012）「連載「言葉のQ&A」」[http://www.bunka.go.jp/pr/publish/bunkachou_geppou/2012_03/series_08/series_08.html]．

すが，この家庭内ケアは女性が主に担う，だから女性は労働市場で戦力になりにくい，という考え方も無意識バイアスの仕業です。いやいやそんなことないよ，という方もいるでしょう。それでは，「1歳の子どもを持つ同僚が海外出張に行くかどうか」を考えてみてください。同僚が男性の場合と女性の場合とで，同じように海外出張に行く，と自然に思えそうですか。同僚の性別によって違う考えを持つのなら，あなたには無意識バイアスがあるかもしれません[6]。この存在を自覚することが，まず認知の柔軟性を高めるための第一歩です。

(2) レッテル貼り（無意識バイアス）が引き起こしている事例

また，女性が労働力人口の半分を占めているにもかかわらず，本人が希望するほど就業できない，管理監督者の割合が低い，キャリア継続年数が男性より短く収入が低い，といった状況が続いています[7]。よく挙げられる理由として，「女性は結婚・出産・育児といったライフイベントで労働力がダウンする，労働市場から離れる」「女性は管理職になりたがらない。そもそも管理職に値する能力がある女性が少ない」といった点があります。しかし，これらこそレッテル貼りであり，現在の労働市場のマジョリティの決めた評価の仕組みに，合致しないことの表れです。

これまでの労働市場では，「健康で，家庭やプライベートなことにパワーを割く必要もなく，仕事に時間的制約の少ない，日本人の，男性」が，マジョリティとして最も優遇されるような仕組みが形成されていました。近頃は，時間当たりの仕事量や仕事の質が評価される風潮に変わりつつありますが，まだ，前述のマジョリティの要素に1つでも該当しないところがあると，評価されにくいのが現状です。

また，女性が男性と同様に責任ある仕事を行うようになったきっかけは，2回の法改正，①男女雇用機会均等法（1985年制定，1986年施行），②労働

---

[6] 治部れんげ（2018）「東洋経済ONLINE. 会社内差別を生む「無意識バイアス」の正体　脳による「パターン認識」が壁だった」[https://toyokeizai.net/articles/-/241311]。

[7] 厚生労働省（2018）「平成29年就業構造基本調査」[http://www.stat.go.jp/data/shugyou/2017/index2.html]。

基準法の改正と連動した，募集・採用，配置・昇進の性別による差別禁止と女性の深夜労働禁止の撤廃（両法1997年改正，1999年施行）です。①②施行当時，平均的な大学新卒者の22歳であった女性は，現在，55歳と42歳です（2019年現在）。このように，ルール変更から現在まで十分な時間がたっていないため，責任ある職位に女性が多くないのは，無理のない状況なのかもしれません。

認知の柔軟性は，個々人の違いを認めるところから得られる

　通常，組織運営や評価の仕組みは，マジョリティに合わせて設定されています。そのため，条件に当てはまらない少数派（マイノリティ）は，それぞれの場面で意欲を持って活動していこうという前向きな気持ちを持ちづらい可能性があります。評価の仕組みが変わると同時に，認知の柔軟性を高めることが組織の多様性（ダイバーシティ）を促進し，パフォーマンス向上につながる，という考えを一人ひとりが持つことが重要です。チームとしての強みを生かすためには，チームメンバーの背景を知り，それらを強みとして尊重し，お互いが協力していくこと，そのことで自分もチームも視野を広げること，が欠かせません。

　職場でのマイノリティの属性のひとつである「女性」をとってみても，実際には一人ひとり違います。本人の仕事に対する価値観，家庭内ケア責任の大小，親族などによる家庭サポートがあるかどうか，家庭内で主たる稼ぎ手かどうか，これまで仕事で積み重ねてきた経験など，複数の要素を掛け合わせると一人として同じ人はいません。たとえば，まなぶ君の周りでも，もうすぐ育休から復帰予定の女性と，転職してきた女性，そして彼女のきゃりあちゃんとでは，女性という属性以外は，異なる点のほうが多いでしょう。この3人が，組織を構成するうえで，まったく同じ強みを持っているはずがありません。以下の3つのポイントを意識することで，「認知の柔軟性」が高まります。

① 自分とまったく同じ人はいない。相手の属性にかかわらず，人はそれぞれ異なる。
② 自分と異なる価値観をいったん受けとめる。
③ 自分と相手とがお互いに納得できる落としどころを探る。仮にお互いの価値観がどうしても相容れないとしても，相手の存在を認め，その価値観を参考にする。

【柔軟性を培う３つのステップ】
① ダイバーシティは，「個人の強みを持ち寄り，チームとしての多様性を確保し，問題解決能力を高める」戦略。
② 自分のなかの「無意識バイアス」が，認知の柔軟性を妨げていると知る。
③ 認知の柔軟性は，個人個人の違いを認めるところから得られる。
　→認知の柔軟性を高め，必要に応じて相手の価値観や意見を取り入れて，自分とチームの視野を広げる。

COLUMN

性のダイバーシティ

　社会のダイバーシティが進むことと，家庭や個人のダイバーシティが進むことは，表裏一体です。ここでは，個人の大事な属性である「性」の多様性と，それを認識する個々人と社会の柔軟性について，考えてみましょう。

●性は二分できるのか●
　「性」は，ほとんどの場合，公的な分類では「男女」の２つに分けられます。

しかし，実は性にはたくさんの分類があります。一例を挙げると以下のように
なります。

① 生物学的な性——男・女・インターセックスの3種類。
② 性自認——男・女・中性or無性の3種類。
③ 性的指向——異性愛者・両性愛者・同性愛者・無性愛者の4種類で，組み
　合わせは36種類あります。

　それ以外にも細かく分類することができ，性はレインボー状に分布している
と言う人もいます[*8, 9]。

●性的マイノリティ——いわゆる**LGBT**層の割合や，社会での理解の状況に
　ついて●
　LGBT（Lesbian：女性同性愛者，Gay：男性同性愛者，Bisexual：両性愛者，
Transgender：性別越境者）層の比率は，2015年電通のインターネット調
査[*10]，2016年博報堂のインターネット調査[*11]，日本労働組合総連合会の調査
[*12]によると，いずれも約8％です。2018年電通インターネット調査では，そ
の割合は8.9％とやや上昇しました[*13]。インターネット調査ですので，LGBT

---

* 8　特定非営利活動法人東京レインボープライド（2018）「［第1回］LGBTQ+用
　　語の第一歩——これだけは押さえたい基礎中の基礎」［https://tokyorainbowpride.
　　com/magazine/lgbtqcourse/10419/］。
* 9　参議院常任委員会調査室・特別調査室（2017）「LGBTの現状と課題. 立法と調
　　査　No.394」［http://www.sangiin.go.jp/japanese/annai/chousa/rippou_chousa/back
　　number/2017pdf/20171109003.pdf］。
* 10　電通（2015）「電通ダイバーシティ・ラボが「LGBT調査2015」を実施」［http://
　　www.dentsu.co.jp/news/release/2015/0423-004032.html］。
* 11　博報堂（2016）「ＤＹグループの株式会社LGBT総合研究所，6月1日からの
　　サービス開始にあたり LGBTをはじめとするセクシャルマイリティの意識調査
　　を実施」［https://www.hakuhodo.co.jp/archives/newsrelease/27983］。
* 12　日本労働組合総連合会（2016）「LGBTに関する職場の意識調査」［https://
　　www.jtuc-rengo.or.jp/info/chousa/data/20160825.pdf］。
* 13　電通（2019）「電通ダイバーシティ・ラボが「LGBT調査2018」を実施」［http://
　　www.dentsu.co.jp/news/release/2019/0110-009728.html］。

第 11 章「柔軟性」の巻 ●●● *143*

に興味や理解を持つ人が回答しやすい可能性を考えると，実際より過大な数字かもしれませんが，今のところこれが日本の現状を表すデータです。これは，左利きの人，AB型の人がそれぞれ日本人に占める割合とほぼ同じです。意外に多くの多様な性の人がいると思いませんか。

すでに商業分野や会社の人事部門の一部では，人間の基本的な属性である性の多様性を尊重しようという動きが広まっています。SNS大手のFacebook（US版）では，性別は58種類から選べますし（2019年1月現在），Yahoo!Japanでは，2018年9月から，性別は「男性・女性・その他・回答しない」の4種類と設定しています[*14]。

また，東京オリンピックを前に，東京都では2018年10月に，「多様な性の理解の促進」として，SOGI（Sexual Orientation Gender Identity：性的指向，性自認）に関する差別を禁止する条例を制定しています[*15]。性的指向に関する差別禁止法が存在する国等は76カ国58地域に上りますし，日本以外のG7加入国は，同性婚やそれに準じた制度を認めています[*9]。ドイツは，インドやデンマーク，オーストラリア，ニュージーランド，ネパールに続き，第3の性を認める法改正を行いました[*16]。

●性という属性の「レッテル貼り」ではなく，1人の人間を多面的にとらえる●

従来2つしかないと思われていた「性」でさえ，これだけの多様性があります。しかし，性という属性は，ひとりの人間のごく一部を表したものにすぎません。性の多様性を知りつつ，性という属性だけで判断する「レッテル貼り」でなく，ひとりの人間を多面的にとらえることが最も大事なことです。

＊14　Yahoo!Japan（2018）「ダイバーシティ時代に「性別を選択する」ということ」〔https://about.yahoo.co.jp/blog/column/2018/06/13/diversity.html〕。

＊15　東京都総務局人権部（2019）「東京都オリンピック憲章にうたわれる人権尊重の理念の実現を目指す条例について」〔http://www.soumu.metro.tokyo.jp/10jinken/tobira/〕。

＊16　ハフポスト（2017）「「第3の性」認める法改正へ　ドイツ憲法裁が国に命じる」〔https://www.huffingtonpost.jp/2017/11/08/third-gender_a_23271465/〕。

「柔軟性」を学んだ皆さんへ

　本章では，ダイバーシティの例をもとに，無意識バイアスの存在，それに気づくことの難しさ，柔軟性を高めるためのポイントとして「人と自分は違う」という前提から始めること，を学びました。

　認知の柔軟性を高めて物事に取り組むやり方は，ただがむしゃらに頑張るような「子ども」のやり方とは違います。第6章のストレスコントロール力でも触れましたが，柔軟性を高める努力は筋力トレーニングと似ています。筋力トレーニングをがむしゃらにやるだけでは体を壊してしまいます。筋肉に負荷をかけるだけでなく，ストレッチで筋肉を伸ばし関節可動域を広げることが，身体能力を高め疲労回復につながります。同様に，認知の柔軟性を高めることは，自分の心が許容できる範囲を広げ，無意識バイアスにとらわれず，収集した情報をもとに物事を判断するスキル向上につながり，結果的に視野が広がります。そして，さらに認知の柔軟性を高めていきます。こういった**正の連鎖が進むような柔軟性向上への取り組み方が，「大人の頑張り方」**です。

　「先輩からのエール」で廣島瑞穂さんが書いているように，「先輩のやり方を学んだり人に頼ったり」することや，「自分の仕事ではないが周囲のサポートをしてみる」ことでも，自分の無意識バイアスに気づき，自らの視野を広げ，認知の柔軟性を向上させます。

　人の話を「素直に聞く」ことが，昔から日本では尊ばれてきました。これは，自分のやり方・考え方にこだわり過ぎず，まず人の話を聞くことから始めることです。そのうえで，人の話を盲信するのではなく，「どうして，自分は今までそう思っていたのだろう。社会で今までこのように考えられているのはなぜか」という疑問に関して，情報を収集しながら自分なりの考えを持ち，自分と相手の考えをすり合わせ，納得できる結論に近づく道筋へつなげることです。これは，まさしく「柔軟性が高い」状態といえます。認知の柔軟性を発揮するうえでは，本書で学んだスキルを総動員して行うことが肝要です。日々の生活で意識して認知の柔軟性を高めましょう。

先輩からのエール

——廣島瑞穂さん
人材紹介事業／キャリアコンサルタント

◆柔軟性のイメージをつかもう◆

　私にはたくさんの失敗や，思いどおりにいかない経験がありますが，乗り越えるときにイメージしていることがあります。それは「心のコップ」です。心のコップの水はいつも，自分の考えで満たされています。ですが，常にコップの水がいっぱいだと，新しい水を入れることができません。いろいろな経験をするたびに，心のコップの水を捨てます。そして，新しい考えを入れていきます。新しい経験が多ければ，コップ自体を大きくすることも必要です。

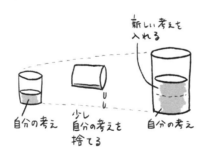

図11-1　心のコップのイメージ

　柔軟性を強化するやり方は，「受け入れて」「捨てる」です。私は新入社員のとき，初営業日にお客様にいきなり怒鳴られることがあり，そのショックで適応障害になりました。ですが，転職した会社の営業先でやはりお客様に怒鳴られたのですが，今度は平気でした。「怒鳴るお客様っているのよね」と，気にならなくなりました。怒鳴る人がいることを受け入れることで，怒鳴られるとショックを受ける自分の部分を捨てられたのです。その結果，どんなことがあっても逃げなくなりました。皆さんの心のコップ，少し意識してみてください。

◆エピソード①◆

　入社7年目くらいまでは，人から指示をされるのが嫌いで，何でも体当たりで実行してスキルを習得していました。営業職だったので，とにかく売上目標を達成することに集中していました。人に頼らなくても私はできるという自負心があり，プライドが高かったのです。ところが，だんだん私の売り上げ数値が上がらなくなってきました。今までと同じことをやっているのに上がらない。そんなある日，先輩男性に声をかけられました。

　　先輩男性：お前，人に質問できないだろう？
　　私：（ムッ）そんなことありませんよ。私，特に困っていませんし。
　　先輩男性：そうかな。今，達成できなくなっているじゃない？　もっと良い
　　　　　　　提案の仕方，もっと良いヒアリングのやり方があるのに，お前は人に聞
　　　　　　　こうとしないよね。

　なるほど，人に質問しない。確かに……。そこで，先輩男性に提案書を見せてもらいました。知識が豊富でデータが多く，説得力があり，感動しました。自分のやり方に固執するのではなく，こうした先輩のやり方を学んだり，人に頼ることも大事なのだなと，考えを変えていきました。あのときの先輩男性の指摘がなければ，ここまで長く営業を続けることはできなかったかもしれません。

◆エピソード②◆

　入社8年目のある日，入社2年目の女子営業から「営業同行してくれませんか？」と頼まれました。同じグループではないし，先輩営業は私以外にもいるので正直面倒だなと思ったのですが，同行したのです。

　40分ほど商談を行い，お客様の事務所を出た瞬間，うれしそうに彼女が叫びました。「廣島さんすごいですね！ 商談の流れ，とても勉強になりました！ 私も廣島さんみたいな営業ウーマンになりたいです！」。営業として当たり前のことをやったのに，それを喜んでくれる人がいる，マジか?! ビックリ！ 人の喜びを自分の喜びにするのも悪くないかもなぁ。

　それまでの私は，自分の仕事ではないことは一切やりませんでした。ところが営業同行をやってみたら，後輩の役に立ちたいという気持ちが芽生えたのです。半年後チームリーダーになり，そしてその後は部下15名の所長，そして70～

100名の営業部長と，仕事のステージが広がっていきました。あのときの2年目女子の営業同行がなければ，たぶん仕事のステージはここまで上がらなかったかもしれません。

　皆さんも，まずは何でも見てやろう，やってやろう，と柔軟に挑戦してみてください。人生に無駄はありません。思いどおりにならなくても，"経験こそ個性"と思って逃げずに受け入れていく。このくり返しが成長につながります。

Question ①：大学生の頃，どんなときに柔軟性が必要だと感じましたか？
Answer──大学時代は正直，柔軟性は必要だと思っていませんでした。自分は自分と思って過ごしてきました。強いていうならば，何かを決めるときや，グループ単位で行動するときに，相手の意見を尊重するように努力しました。

Question ②：社会人になってから柔軟性をどうやって伸ばしたのですか？
Answer──今までと同じことをやっているのに，売り上げが伸びない（エピソード①参照）。今までやったことがないことをやってみる（エピソード②参照）。チームリーダーになってからは，自分の意見を先に押し付けるのではなく，「あなたはどうしたいの？」といったように，相手の意見を先に聞くようにしました。

Question ③：社会人として柔軟性の大事さを実感するのはどんなときですか？
Answer──異動して環境が変わったときですね。たとえば東京から北九州に転勤したとき，営業先への移動手段は車が多いことに驚きました。東京では地下鉄が2分おきに出ており，電車が便利だと思っていましたが，北九州では広域なため，電車よりも車のほうが便利でした。駅がないエリアもあったのです。東京のやり方が通じないことに気づきました。

◆これから羽ばたく皆さんへ◆
　会社では，自分を評価する上司，指導する先輩や他部署の人々，同期，社外のお客様など，人疲れしそうになります。でも，こうした多くの人々のなかから，一生涯付き合う大事な人たちの出会いも待っているのです。柔軟性を意識してモジモジせずに飛び込んでみてください。

第12章 「働きかけ力」の巻
―― 他人に働きかけ,巻き込む力

―― **働きかけ力の奥義** ――――――――――――――――――

　いい仕事は一人ではできない。同じ目標に向かって一緒に協力したいと思えるような呼びかけをし,それぞれの力がうまく引き出されるよう,心を配るべし！

その後,基礎まなぶ君は……

【入社4年目の5月】　ヘルスケアアプリ開発に会社の正式なゴーサインが出たから,意を決してチームリーダーに立候補してみた。早速「チームリーダーの極意」みたいな本を読んだりして,勉強している。ふむふむポイントは「働きかけ力」か。部署内,会社内,会社外には,さまざまなエキスパートがたくさんいる。どんな人たちにどんなサポートを求めたいのか,その人たちがサポーターになってくれるには,どうしたらいいのか,ちょっと整理してみないと。

第12章「働きかけ力」の巻 ●●● *149*

「働きかけ力」とは何でしょう。社会人基礎力の定義を見てみると，「他人に働きかけ巻き込む力」とあります。具体的には以下のようなことです。

①相手を納得させるために，協力することの必然性（意義，理由，内容など）を伝えることができる。
②状況に応じて，効果的に巻き込むための手段を活用することができる。
③周囲の人を動かして，目標を達成するパワーを持って働きかけている。

ヘルスケアアプリのチームリーダーに立候補したまなぶ君。このプロジェクトを成功させるには，周囲の人を巻き込み，力を借りながら進めていかなければなりません。

しかしまなぶ君，悩んでいるようです。

「チームリーダーに立候補してはみたけれど，初めての経験だし，知らないことだらけだから，いろいろな人に協力してもらわないといけない。ヘルスケア業界の常識，医療機関に関する情報，受診する際の手続き方法，薬やサプリ販売をするための免許の有無や関連法，かなり専門的な知識が必要だな。アプリの開発についても，技術と知恵が必要だ。医療の話って難しくなってしまうから，誰にでもわかりやすく，使いやすいアプリでないとダメだな。それに，運用ではマーケティングのことも考えないと。ヘルスケアのマーケティングって，ちょっと特殊そう。たくさんの人に協力してもらいつつ，リーダーとしてチームをぐいぐい引っ張っていかないといけないんだろうなあ。僕はカリスマ性もないけど大丈夫だろうか。ああ，どうしよう……あー……」

リーダーシップ＝カリスマ性？

　そこでまなぶ君，いつものように渋谷先輩に相談してみることにしました。
渋谷先輩：「君は今，リーダーとしてどうやって周りの人に働きかけ，巻き込んでいくか，ということに悩んでいるんだね。では，まずリーダーシップについて考えてみよう」。

(1) カリスマだけがリーダーの資質か？

　渋谷先輩はリーダーシップにはさまざまな形があるといいます。多くの人はリーダー＝カリスマ性がある人，と思うのではないでしょうか。歴史の人物でいうなら，織田信長，豊臣秀吉，西郷隆盛など，最近ではスティーブ・ジョブズや稲森和夫といったところでしょうか。しかし実は，リーダーシップは，誰もが場面によって発揮できるものなのです。人が集まって何かをしようとするときに，そのなかの誰かが自然と皆の行動をまとめたり，どこに進もうとしているのかを示した，という経験は誰にでもあると思います。これがリーダーシップです。したがってまなぶ君も，プロジェクト・リーダーということを，特別意識する必要はないのです。

　リーダーとは，周りの人が「**この人になら ついていきたい**」と思えるかどうかであり，**周りの人＝フォロワーがリーダーを決める**のです。そして，フォロワーがこの人についていきたいと思うかどうかは，リーダーとしてその後認められる人の，**言葉や行動**にあります。リーダーが何かを発信する，それを見たり，聞いたり，受けとめたりして，フォロワーが**共感**し，リーダーを**信頼**する。そしてリーダーとフォロワーが**共振**することで，よいリーダーシップが発揮されるのです。

　渋谷先輩はこう言いました。「僕が自分のプロジェクトを動かすときに何よりも大事にしているのは，**メンバーとの信頼関係だ**。メンバーが僕を『信頼できる人だ』と思ってもらうにはどうしたらよいんだろうか。まなぶ君は『支えるリーダーシップ』を知っているかな。これについて説明しよう」。

第12章「働きかけ力」の巻 ● ● ● *151*

(2) 支えるリーダーシップ

　渋谷先輩の言った「支えるリーダーシップ」とは，グリーンリーフという人が提唱した概念です。その特徴は以下のように整理できます。

① 「自分が何をやりたいかがわかっている」

　今，まなぶ君のやりたいことは，働き盛りの人たちに便利なヘルスケアアプリを作りたい，ということ。やりたいことがわかっていることが，リーダーシップのスタートです。

② 「そのための大きな夢やコンセプトを持っている」

　まなぶ君はなぜ，ヘルスケアアプリが作りたいのでしょうか。それは，忙しくて自分の健康をつい後回しにしてしまう人たちが，手軽に健康管理できるためのツールの必要性を感じているからであり，そうしたアプリを作って働く人たちを元気にしたい，という夢があるからです。リーダーとして皆が共感できるビジョンを持ち，それを示していくことが，周囲の人から「この人についていきたい，協力したい」と思われ，フォロワーとなってもらうための，必須条件です。

③ 「しっかりとコミュニケーションできる」

　一人でこのようなアプリを作ることはできませんから，メンバーをしっかりと巻き込む必要があります。そのためには，リーダーが独りよがりにならず，メンバーの意見を聞き，受容，共感するといった良いコミュニケーションをとることが必要です。

　これからプロジェクトを進めていくにあたり，まなぶ君は自分のやりたいことや夢を示し，メンバーと共有していきます。メンバーからもさまざまなアイデアが出るでしょう。そのなかには，お金がかかりすぎるとか，人手が足りないとか，周囲を説得するのが大変そうだといった理由で，「それは無理」と言いたくなるようなアイデアもあるかもしれません。でも，いきなり否定するのではなく，**まずは肯定して，そうした難しさを解決する方法がないか，一緒に考えることが必要**です。また，そうしたやり取りのなかで非常に大事

なのが，リーダーの持つ“雰囲気”です。そのリーダーがいると，何となくほっとする，心が落ち着く，嬉しくなる，といった感覚をメンバーが持てることです。こんな感じのリーダーだったら，まなぶ君も，そして皆さんも，なれるのではないでしょうか[*1]。

> **支えるリーダーシップを発揮するポイント**
> ① 自分の考え（ビジョン）を示す。
> ② メンバーの話をよく聞く。受容・共感し，一緒に考える。
> ③ リラックスした雰囲気を醸し出し，一緒にいるとほっとする存在になる。

　まなぶ君，渋谷先輩の説明を聞いて，これまでの「リーダーになるなら頑張らないと！」という気負いから解放されて，だいぶ楽になりました。
　さらに渋谷先輩は続けます。「もうひとつ，働きかけ力に関して知っておくと便利なキーワードがあるよ。それが『ワーク・エンゲイジメント』だ」。

COLUMN
ワーク・エンゲイジメント

　ワーク・エンゲイジメントとは，「仕事に関連するポジティブで充実した心理状態。活力，熱意，没頭によって特徴づけられ，特定の対象，出来事，個人，行動などに向けられた一時的な状態ではなく，仕事に向けられた持続的かつ全般的な感情と認知」と定義されます[*2]。

＊1　池田守男・金井壽宏（2007）『サーバント・リーダーシップ入門——引っ張るリーダーから支えるリーダーへ』かんき出版。
＊2　島津明人（2010）「職業性ストレスとワーク・エンゲイジメント」『ストレス科学研究』25巻，1-6頁を参照。

●エンゲイジしている人は活き活きと働いている！●
　エンゲイジしている人は，活力にあふれています。仕事をしているとき，エネルギッシュで力があふれ，活気に満ちていると感じているのです。また，熱意もみなぎっています。自分と仕事の間に絆を感じ，仕事に熱中しています。自分の仕事に意義を見出し，誇りを持っています。さらに，没頭し，自分の仕事に完全に熱中しています。集中し，仕事にやりがいを見出し，自分がすることに喜びを感じます。しばしば没頭しすぎて，時が過ぎるのを忘れてしまうこともあります。

●エンゲイジしている人は，人生100年時代を楽しめる●
　ワーク・エンゲイジメントは，ポジティブな感情，良い健康状態，内発的な動機づけ（仕事自体が面白いことが，働く動機づけになる）などと関連性を持っています（内発的動機づけに関しては第7章を参照）。
　ワーク・エンゲイジメントと関連する概念を整理したのが，下の図です。

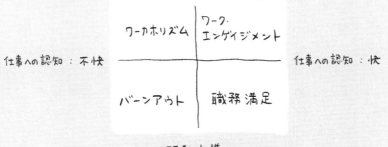

　右下にある「職務満足」は，自分の仕事や職場に対する肯定的な感情です。「職務満足」は仕事に対する認知は"快"ですが，活動水準は必ずしも高くないのです。これに対し，「ワーク・エンゲイジメント」はもっと積極的，能動的に仕事に取り組んでいる状態です。
　人生100年時代を迎え，仕事ができる期間も長くなると言われています。ワー

ク・エンゲイジメントを高めると，仕事を楽しみ，より豊かな人生を送ることができると考えられます。

 ## メンバー同士が協力し合う気持ちになる

　人に働きかけて，巻き込んで，協働してもらうのにとても大事なのが，チームメンバー同士が自然とお互いに積極的に協力し合うような気持ちになることです。協力するメンバーは，さまざまな所から集まってきます。彼らはお互いの事情を抱えているため，その論理に引っ張られてしまい，プロジェクトとして最も良いと考えられる結論に至らない場合もあります。ライバル関係にある可能性もあります。そんな状態だと，メンバーは集まっても，本当の意味での協働はできません。そうならないためには，メンバー一人ひとりがプロジェクトに「エンゲイジ」してもらう必要があります。

(1) メンバーをエンゲイジする

　エンゲイジとは，「従事する，請け合う，約束する」といった意味がありますが，心理学ではもっと積極的な意味を持たせています。そのキーワードが，ワーク・エンゲイジメントの下位尺度である「**熱意・没頭・活気**」であり，これらを持ってプロジェクトがうまくいくように，お互い協働を惜しまない，というマインドセットを持ってもらう必要があります（ワーク・エンゲイジメントの詳細は本章コラム参照）。メンバーのワーク・エンゲイジメントを高めるには，リーダーによる働きぶりのフィードバック，サポート，コーチングなどが有効だとされています。これを職場の場面で，具体的に考えてみましょう。

　まず，リーダーが腹を割ってメンバーと話すことが重要です。もし問題があるならば，そのことを率直に，敬意を持って話し，一緒に解決策を考えます。メンバーはそれを通して安心し，リーダーに信頼感を寄せることができ

ます。本音での会話は，所属意識を強め，協力してやっていこう，という気持ちを醸成します。メンバーがプロジェクトについて話し合うことによって，グループ全体との関わりを一層強く感じるようになるでしょう[*3]。

(2) 信頼関係のあるチームづくり

課題や問題点について，率直に，ざっくばらんに話ができるようになるには，お互いをよく知り，チームが友好的で，お互いを信頼している必要があります。それを作りだすには，「場」の設定が必要です。たとえば，メンバー同士の交流を図るために，たまに飲みに行くのもよいでしょう。渋谷先輩は，自分のチームメンバーとは，意識的に親睦会を設定しているそうです。そのような場では仕事の真剣な話は出ないかもしれませんが，お互いの家族のこと，趣味，最近の関心事などが話題になるでしょう。それによってお互いの心理的な距離がぐっと近くなり，そうすることで仕事に関する真剣な話もしやすくなります。チームで働きかけ力を駆使して良い仕事をしていくには，信頼関係がとても重要なのです。

「まあ，まなぶ君，あまり気負わずに，今僕が言ったようなことを頭に置いてやってみたらどうかな」と言う渋谷先輩。まなぶ君，渋谷先輩からの貴重な助言を胸に，周りに働きかけ，巻き込んでみようと決意を新たにするのでした。

> **【働きかけ力を培う3つのステップ】**
> ① リーダーの想い（夢，問題意識，やりたいこと）。
> ② メンバーとのコミュニケーション，共感。
> ③ メンバーのエンゲイジメント。

[*3] ウィルマー・B・シャウフェリ，ピーターナル・ダイクストラ著／島津明人・佐藤美奈子訳（2012）『ワーク・エンゲイジメント入門』星和書店。

「働きかけ力」を学んだ皆さんへ

　「周囲に働きかけていく，周囲を巻き込んでいくには，力強いリーダーシップが必要で，そんな力，自分にはない！」と思っていた方もいるのではないでしょうか。でも，リーダーシップには，「周囲を支えるリーダーシップ」という形があることを，理解できたと思います。自分がぐいぐい行くのではなく，周囲のメンバーの話をよく聞き，一緒に考える。そのなかで自分の考えも示しながら，それに対して皆がどう考えるのかを確かめながら，進んでいく。本音で，ざっくばらんに話し合える。そんなリーダーシップはとても魅力的です。これなら自分もできるかも，と思えてきませんか。

　これを書きながら，『下町ロケット』[*4]というTVドラマを思い出しました。社長の佃航平はさまざまな困難にぶつかりますが，もがく姿を社員に見せつつ，話し合い，仕事の後にボーリングに行ったりと，ざっくばらんな交流を通して皆をまとめ，巻き込んでいきます。泥臭いけれど温かくて，こんな人と働いてみたい，と思わせます。働きかけ力について考えてみたい方にはお勧めです，是非ご覧ください。

＊4　池井戸潤（2010）『下町ロケット』小学館．

先輩からのエール

——福田晴一さん
NPO法人「みんなのコード」主任講師,
東京都特別支援教室巡回相談心理士,
戸田市コミュニティ・スクール・アドバイザー

◆夢を語り,多様性を広げ,喜びを共有◆

　働きかけ力には段階があると思います。まず若い世代は,多少無茶もありましょうが夢を語り,行動力を示すことです。若いからこそある程度の失敗は許され,何ごとにもポジティブに取り組み,豊かな経験ができるのではないでしょうか。

　社会人になると責任が伴い,働きかける必然性も伴います。働きかけるためには,多様な考えを持ち備えなくてはなりません。そのためにも,異年齢,異業種の方々との交流は多様性を磨き,自身の大きな糧となるはずです。働きかけ力の成果は,どれだけ関わった方々が当事者意識となり満足感を持つことができたか,ひいては関わった方のキャリア形成にも影響することだと思います。同時に,リーダーである当事者は,チームメンバーと喜びを共有できることではないでしょうか。そうなったら,あなたの働きかけ力はますますパワーアップするはずです。そしてそれは,ご自身の100年時代を見据えた生き方にも寄与するに違いありません。

Question①：大学生の頃,どんなときに働きかけ力が必要だと感じましたか？
Answer——大学は,出身も年齢もさまざまな集団のなかで,自分を成長させる良い機会です。働きかけ力の一例として,第9章でも登場した,私のロールモデルであるスキー部のK先輩のエピソードについてご紹介します。

　学園祭のスキー部模擬店として,24時間営業「居酒屋/ゆきん子」を,テントブースで開きました(昭和ですね)。学生が3日間,飲み屋のスタッフになるのですが,一時的な会社経営と同じで,仕入れから価格設定,調理,会計等を行う必要があります。K先輩は半年ぐらい前から,この企画について熱く語っていました。いつしか皆,彼のビジョンとパワー,できそうな可能性に引き込まれていきました。

そのうちに,「やってみたい」と共振の域に達していました。結果は微々たる黒字でしたが,それ以上に得たものは「メンバー同士が協力し合う気持ちになれたこと」,そして後々,リーダーシップとフォロアーシップの意味を理解しました。

　K先輩との3年間の学生生活で,いろいろな友だちと付き合い,物事をポジティブにとらえて実行動に移すときこそ,「働きかけ力」が必要となることを認識しました。そして働きかけ力があれば,豊かで貴重な経験が生まれ,プラスのスパイラルとなることもわかりました。

Question ② : 社会人になって,働きかけ力をどうやって伸ばしたのですか?

Answer──小学校の担任として20年,管理職として約20年の教員生活のうち,担任時代は相手の気持ちを汲み取ることに努めてきました。後半の管理職時代は,異業種の方々と意図的にお付き合いする機会を設けてきました。教育は学校だけでは完結しません。これからの教員は,教師としての専門性はもちろん,多様な考えを受容し,保護者・地域も巻き込む力が必要になってくると考えています。

　これは小学校の管理職時代の事例です。多くの公立小学校では,学校沿革を後世に継承するために,10年ごとに周年行事があります。その際に学校関係者だけでなく,民間に働きかけたエピソードです。

　多くの学校は通常,教職員,保護者・地域の代表による実行委員会を組織し,記念誌,祝賀会などの企画運営にあたります。そこで私は,異業種の方々とのお付き合いを活用し,広告代理店に実行委員会のメンバーとなってもらいました。彼らも学校の周年行事を企画するのは初めてです。私は既成概念にとらわれず夢を語り,アイデア実現への熱い想いを伝えました。それが広告代理店にも通じ,子どもたちのために……と赤字覚悟で多くの斬新なアイデアが出されました。提案されたアイデアは見事に,子どもたちをはじめ,保護者・地域の思いが反映されていました。クレーン車2台がグランドピアノを持ち出し,10台のカメラが設置されるなか,ライブが催されました。子どもたちから集めたフレーズで作られた『あの空』という,周年行事の記念曲です。当日は多くの関係者に加え,マスコミの取材も入り,メモリアルな行事となりました。『あの空』は現在も,アルケミストというグループが全国コンサートで披露しCDリリースもされています。

　学校行事に広告代理店を巻き込むことは異例ですが,参加された方は,従来にはないダイナミックな取り組みで大きな思い出が残り,私自身も成就感に満ちていました。今振り返ると,私自身がビジョンをしっかりと描き,丁寧に誠意もっ

て語りつつ，広告代理店のアイデアに対して「良い悪い」の評価をすることなく，イコールパートナーとして接することができたことが，成功の一因だと思います。10年近い歳月が流れた今でも，当時のメンバーとは交流が続いています。

その後，別の小学校での周年行事でも，子どもたちにホンモノを触れさせるべく，自身のネットワークを活かして画家，音楽家，演出家，振付師，映像パフォーマーによるライブを企画しました。特に，新鋭の画家には10日間来校いただき，7mのキャンパスに子どもたちの前で街並みを詳細に描きあげていただきました。日に日に街並みが仕上がり着色され，最後は子どもたちの前で虹を描き入れる一大パフォーマンス。それをギターリストによるライブ，映像を駆使した不思議な世界観を，DJ付きで演出しました。途中，人気の演出家（タレント）も飛び入りし，体育館はライブハウスとなりました。子どもたちには，プロの仕事，パフォーマンスが伝わったと思います。

逆に，祝賀会は手作り感満載で，実行委員の多様な持ち味を引き出しました。町会長の支援でPTAが革細工を作り，記念品としました。映像関係の保護者によるドローン空撮のプロモーションビデオも作成しました。イベント，革細工，プロモーションビデオ，どれも他校の周年行事にはないオリジナリティが展開されました。これは，前述の広告代理店を入れた周年行事とは違い，まさに自主運営です。とにかく「一緒にやってみよう」の働きかけから，「一緒にやってみたくなる」意識に転移するよう，自分自身が活力に満ちた言動で，実行委員の方々の思いを聞き，各プロジェクトリーダーの支え役になりました。そうすると，一体感で全体のエネルギーが共振し，より一層良い結果やプラスのスパイラルを生み出します。多様な考えを持ったメンバーが協力し合う気持ちになると，大きなエネルギーとなり好結果を生み出すことを，身をもって知りました。この行事に関わった方々も，同じように体感されたことと思います。

Question ③：社会人として働きかけ力の大事さを実感するのは，どんなときですか？

Answer——『LIFE SHIFT』[1] という本が，人生100年時代をフォーカスしています。日本は世界トップの長寿国ですので，政府も「人生100年時代構想推進

---

[1]　リンダ・グラットン，アンドリュー・スコット著／池村千秋訳（2016）『LIFE SHIFT——100年時代の人生戦略』東洋経済新報社。

室」を立ち上げ，働き方改革も含めた人づくり革命が議論されています。

　Question②の2事例で共通することは，多様なリソースを巻き込むことで，関係者がどれだけハッピーになれるかだと思います。ポジティブな結果をイメージして夢を持ち，キーパーソンに働きかける，そしてできるだけ当事者になるよう働きかけることが大切です。ここで気をつけるべきなのが，多くの人が関わるとプロジェクトの進捗状況がわからなくなり，認識のズレが生じること。そこで適宜，プロジェクトのゴールと進捗の共有を提示して，確認する必要があります。プロジェクトに関わった人が皆ハッピーになれる，そんな実感を持てたら，自身の働きかけ力はますますアップするはずです。

　『LIFE SHIFT』は，従前の20年教育，40年仕事，20年老後というスリー・ステージは崩壊し，これからはマルチ・ステージとなることを予測しています。これは，若い読者の皆様なら誰しもがうなずくことでしょう。折しも私は，20年教育，40年仕事にピリオドを打ち，従来なら老後のステージに入る世代です。しかしまさに今，この「働きかけ力の大事さ」をタイムリーに実感しています。なぜなら，こうしてリタイア後，多様で充実した仕事に就けているのは，「働きかけ力」の経験によるものが大きいからです。

　読者の皆さんの寿命は，医療技術の進歩などで100歳に近づくと言われています。でもあわてることはありません。これからの経験と時間が，「働きかけ力」をアップさせてくれます。若いからこそ，夢を語り，多少無茶をしてでも行動に移すことです。そしていろいろな方と関わり，多様性を受容し，フォロアーシップを身につけてください。そうすれば，自ずと活力が言動に表れてきて，「支えるリーダー」となるはずです。

第13章 「主体性」の巻
── 物事に進んで取り組む力

主体性の奥義

　自分の人生。誰かに言われることをするのではなく，自分は何がしたいのか，自分に何ができるのかを見極め，自分で決断し，行動するくせをつけるべし！

　その後，基礎まなぶ君は……

【入社4年目の6月】　晴れてプロジェクトのチームリーダーとなった僕。今年度中の完成を目標に，他部署から3人のメンバーが招集された。また複数社から見積もりを取った結果，打ち合わせのときから好印象だった会社と組めることになった。さぁ，これから忙しくなるぞ！　仕事の割り振りはどうしよう？　メンバーは僕より先輩ばかりだけど，みんな僕をリーダーとして扱ってくれる。それに，何といってもこの企画は世の中のニーズに合っているし，必ず役に立つものになると思う。さあ，がんがん働くぞ！　仕事のワクワク感がプライベートにも伝染したみたいで，きゃりあちゃんとのことも一歩前進したくなってきた。この企画のことで行きづまっていたときも，支えてくれたのはきゃりあちゃんだった。付き合って5年，いろんなことがあったけど，これからも彼女となら乗り越えられる気がする。なにより人間として尊敬できる。そろそろ人生の決断の時期なのかもしれない。

誰だって，自分にとって本音で大切なことには主体的

「自ら考えて進んで取り組む主体的な人と，反対に，自分では考えようとしないし，強制されないと取り組まない，消極的で受身的な人がいる」。ほとんどの人がそう思っています。しかし，それは誤りです。というのも，誰だって自分にとって大切なことには主体的に取り組みますが，本音で大切ではないことには，とても消極的だからです。このことについて，詳しく見ていきましょう。

（1）本音で大切で大好きなこと，それがあなたの価値観

私たちは誰でも，本音で大切で大好きなことがあります。一番目に好きなこと，二番目に好きなこと，三番目に好きなこと，という具合に。それをここでは「価値観」と呼ぶことにします。ここでいう「価値観」とは，世間で一般的に言われる「正直」「勤勉」「思いやり」などの理想論や建前のことではありません。そうではなく，私たち一人ひとりが本音で大切で大好きなことを指しています。

価値観は，指紋のように一人ひとり違います。そして，自分の価値観（自分にとって本音で大切なこと）が自分らしさを作っているし，自分の人生を作っています。価値観は私たちにとって，それほど重要で，根幹的なことがらです。ですから，私たちは自分の価値観を大切にし，それに忠実に生きるとき，主体的で自分らしく充実して生きることができます。反対に，自分の価値観を自分自身で卑下し，それをおろそかにして生きると，自分らしさが感じられないし，生きる意味も目的もわからず，生きていることがつまらなくなります。

私たちは誰だって，自分にとって本音で大切なことを中心に置いて生きるとき，とても主体的になるんです！

（2）誰だって価値のあることには意志が強い

目標を立てたのに，三日坊主に終わってしまった経験はありませんか。「ダ

イエットするぞ！」と決めたのに，誘惑に負けてケーキをたくさん食べてしまったとか，正月の誓いだって三日も続きません。そんなとき人は，「自分は意志が弱い」と自信を失ったり，自己嫌悪におちいったりします。でも実は「世の中には意志の弱い人と意志の強い人がいる」など，真っ赤なウソなのです。

　私たちは誰だって，自分にとって本音で大切で大好きなこと（高い価値を置くこと）をするときには，主体的で自ら進んで行動するし，困難があっても粘り強くやり続けます。反対に，どんなに意志が強いように見える人でも，自分にとって本音ではどうでもいいこと（低い価値観）を無理にやろうとすると，ぐずぐずしてなかなかやらないし，やったところでちょっと困難があったり誘惑があったりすると，すぐやめてしまいます。もしあなたが，ケーキを食べてダイエットを台無しにしてしまったとすれば，それは，あなたにとってダイエットよりもケーキを楽しむことのほうが，本音では価値が高かったからです。

　私のゼミ生に，勉強にはやる気がなく，卒業論文の執筆もぐずぐずしてなかなか進まない，杏奈さん（仮名）という女子学生がいました。杏奈さんは勉強には興味がありませんでしたが，東京ディズニーランドが大好きでした。彼女は，大学の勉強はテスト前ギリギリまで始めませんし，ゼミに遅刻することもしばしばでした。ところが，ディズニーランドに行くためなら，自ら進んでアルバイトを見つけ，少々イヤなことがあっても粘り強くアルバイトを続け，誰に強制されなくても自ら進んでディズニーランド旅行の計画を立て，そこに行く夜行バスには決して遅刻しませんでした。

　杏奈さんは，自分にとって価値の低い勉強に対しては消極的で意思も弱いのですが，価値の高いディズニーランドについては，主体的で積極的で意思が強いのです。私たちは誰でも，本音で大切なことをするときはそうなるのです。

(3) 自分にとって本当に価値の高いことには優秀になる

　自分の最高価値の領域では，皆とても優秀です。知識も能力も経験も豊かです。たとえば，日本人がオリンピックで金メダルを取ると，日本中の人た

ちが「すばらしい！」と褒め称えます。

　でも，考えてみてください。子育てに高い価値を置くお母さんがいるとします。言い換えると，そのお母さんは子育てがとても大切です。もし，そのお母さんが，息子のたかしくんについての知識を問われる競技に出場したとします。その競技では，こんな問題が出ます。「たかしくんの誕生日は？」「妊娠中にたかしくんが動くのはどんなとき？」「たかしくんが初めて歩いたのはいつ頃？」「たかし君はあなたが何をすると不機嫌になる？」「たかし君の好きなおかずは？」「たかし君が3歳のときに救急車で運ばれたのはなぜ？」「たかしくんはどんな性格？」等々。もし，それがオリンピック競技だったら，そのお母さんは世界一で，金メダル間違いなしです。

　そのように，私たちは誰だって，自分が特に高い価値を置くことには優秀なのです。反対に，価値の低いことについての能力は低いものです。

(4) 自分らしく生きるとは

　「自分らしさを大切にしましょう」とか，「あなたらしく生きましょう」と，耳にしますよね。でも，実際，どうすればいいのでしょうか。

　「自分らしさ」の大きなカギとなるのも，「価値観」なのです。自分固有の価値観を認め，それを大切にし，それを優先させ，それに忠実に生きるとき，私たちは自分らしく生きることができるのです。

(5) 他人の価値観に従属すると

　ところが，私たちは自分の価値観をおろそかにしてしまうことがあります。そうしてしまうのは，誰か他人を自分より上に置き，その人の価値観に合わせようとするからです。

　たとえば先ほどの，勉強はやる気があまりないけれどディズニーランドは大好きな杏奈さんが，勉強に価値を置く親や先生たちの価値観に合わせようとすると，どうなるでしょうか。「私は勉強するべきなのにサボってしまう。私は怠け者のダメな人間だ」「成績の低い私は価値のない人間だ」と信じて，自己嫌悪や劣等感を感じます。また，他人の価値観に沿って生きようとするとストレスが高くなって，「ストレス解消」のための一時的な欲求充足や快

楽を追求するようになりますし、空しい人生になります。

あなたらしさも、あなたの人生も、あなた自身の価値観によって作られています。ですから、私たちは決して、他人の価値観に忠実に生きることはできないし、他人が私たちの価値観に忠実に生きることも、あり得ません。他人の価値観に従って生きることを自分自身に強制すると、主体的には生きられません。そして、失敗、挫折、敗北、劣等感、自己無価値感、自分自身に対する怒りに、苦しむことになります。同様に、他人に対して私たちの価値観に従うことを期待すると、相手に対する怒り、イライラ、不仲が生まれます。

ポイント1での要点は、以下のとおりです。

> 私たちは、自分にとって本音で好きで大切なことについては、主体的で、意志が強く、優秀です。反対に、自分にとって本音で好きでも大切でもないことには、主体的ではなく、意志が弱く、能力も低いのです。

あなたにとって本音で何が大切かを知ろう

ここまで見たように、あなたにとって本音で大切なこと、つまり価値観を大切にし、それを中心に置いて生きるのは、とても大切なことです。そのためにまず必要なことは、あなたの価値観を知ることです。

そこで、あなたの価値観を知るための、4つの質問を用意しました。これらの質問に対するあなたの回答を書き出しましょう。それぞれに質問に対して、3つずつ書き出してください。

解答するとき、とても大切なことがあります。それは、決して"べき"や、"こうだと思いたい"という希望を書くのではなく、**あなたの実際の生活を見て、"実際にどうか"を書いてほしいということ**です。"べき"を書いてしまうと、誰か他人の価値観に影響されたものを書いてしまいますので、主体的に生きることも、あなたの長所を生かすことも、あなたらしく生きることもできなくなります。ですから、**必ずあなたの実際の行動に基づいて書いてください。**

あなたの価値観を見つける４つの質問

その１：あなたの空間を最も多く占めているものは何ですか？

①
②
③

その２：あなたは何に最も多くの時間を使っていますか？

①
②
③

その３：あなたが最も元気が出て夢中になることは何ですか？

①
②
③

その４：あなたは何に最もお金を使っていますか？

①
②
③

くり返し出てくる似た回答はありますか？カテゴリー化してみましょう。

第13章「主体性」の巻 ●●● *167*

（1）あなたの高い価値観を見つける質問①
——「あなたの空間を最も多く占めているものは何ですか？」

　私たちは，大切な物はすぐ目につくところに置き，大切でない物は押入や棚の奥などにしまうものです。部屋や机の上など，あなたが特に多くの時間を過ごし，わりと自由に物を置ける場所で，最もスペースを占めている物の上位3つは何ですか。たとえば，洋服，化粧道具，恋人の写真，クラブやサークル関連の道具などです。

　もし，本かパソコンが上位3つに入るなら，それは主に何の分野の本か，何の目的に使っているものかを，カッコをつけて1つだけ書いてください。たとえば，本（マンガ），パソコン（大学の勉強）などです。

　また，あなたがスマートフォンをほぼ必ず持ち歩くなら，それはあなたにとって重要ですから，スマートフォンを候補として挙げることを検討してください。その場合は，スマートフォンを使う一番の目的を1つ，カッコ内に書き入れてください。スマホ（友だちとの連絡），スマホ（美容についての情報収集），スマホ（家族との連絡）となるかもしれません。

（2）高い価値観を見つける質問②
——「あなたは何に最も多くの時間を使っていますか？」

　友だちから何かのイベントや食事などに誘われたとき，「ごめん，時間がないから」と断ったことはありませんか。あなたが友だちの誘いを断ったのは，その誘いよりもっと価値の高いことがあり，それと時間がぶつかったからです。仮に，友だちの誘いに応じれば1億円が手に入るのなら，あなたは予定を変えて友だちの誘いのほうに行ったでしょう。このように，私たちは自分にとって本音で重要なことに優先して時間を使い，そうでないことを後回しにします。

　あなたが起きている時間のなかで，最も多くの時間を費やしていることがらの，上位3つを書き出してください。大学，アルバイト，クラブやサークル，SNSなどです。もし大学が上位3つに入る場合は，あなたが大学に通う最も重要な目的を1つ，カッコ内に一言で書いてください。たとえば，大学

（経済的自立），大学（友だちづきあい）などです。同様に，パソコンや読書などに多くの時間を使っている場合も，その一番の目的を1つ，カッコ内に書いてください。パソコン（音楽），本（マンガ）などです。もし，アルバイトが上位3つに入るなら，アルバイトをする最も主な目的を1つ，一言で書いてカッコに入れてください。アルバイト（人と接する機会），アルバイト（お金）などです。

　たいていの人が，「アルバイトの最も重要な目的はお金だ」と答えます。あなたもそう思った場合，本当にそうかどうか，ちょっと立ち止まって考えてください。もし，本当にお金が最も重要な目的だったら，あなたはおそらく，与えられた選択肢のなかで最も収入の高いアルバイトを選んでいる可能性が高いです。しかし，もしあなたが他にもっと時給の高いアルバイトがあるにもかかわらず，そちらの採用面接を受けずに今のアルバイトをしているのであれば，あなたが今のアルバイトをしている最も重要な目的はお金ではなく，今のアルバイトによって得られている何かほかのこと（人とのつながり，将来の就職など）かもしれませんので，再検討してください。その場合には，バイト（人とのつながり），バイト（将来の就職）のようになるでしょう。

　なお，「将来のこと」という答えは，あいまいすぎます。「将来のこと」について，なかでも最も重要なものを1つ特定して，一言で書いてください。「就職」「結婚」「起業」などです。同様に，「考えごと」や「ひとりごと」という回答も，漠然としすぎています。あなたが，「これが欲しいなあ」「こうなりたいなあ」「これがしたいなあ」と望んでいる具体的なことがらで，かつ，すでに実現しているか，実現に向かって実際に進歩していることを回答しましょう。たとえば，「なぜ自分なこんなにダメなんだろう」とか，「なぜあの人はあんなひどいことしたんだろう」というような，自己卑下や他人への批判を書くのではありませんし，過去の後悔や未来の不安を回答するのでもありません。また，実現に向かって実際に進歩してはいない妄想や白昼夢も，書かないでください。あなたが欲しいもの，したいことで，実現化に向かっていることを書き出しましょう。

(3) あなたの高い価値観を見つける質問③
──「あなたが最も元気が出て夢中になることは何ですか？」

　私たちは自分にとって大切なこと，好きなことをしているときには，元気
になるし，夢中になるし，集中し，時間を忘れて取り組みます。あなたが行っ
ていることのなかで，**情熱を感じること，活き活きすること，心躍ること，
夢中になること**の，上位3つを挙げましょう。

　ですが，「趣味」や「遊び」という回答だと，漠然としすぎています。何
の趣味に打ち込んでいるときが最も充実感を感じますか。何の遊びをしてい
るとき最も夢中になり，元気になりますか。それを一言で書いてください。
また，もし「遊び」と書いた場合，あなたが大好きで夢中になるのは遊びの
活動そのものではなく，友だち，または恋人と楽しい時間を過ごすことかも
しれません。その場合には，「友だちづきあい」または「恋愛」が最適な答
えになるでしょう。

(4) あなたの高い価値観を見つける質問④
──「あなたは何に最もお金を使っていますか？」

　私たちは，自分にとって本音で大切なことに優先的にお金を使い，価値の
低いことに使うお金はありません。また自分にとって本当に大切なことには，
たとえ裕福ではなくても何とかしてお金を工面するものです。

　あなたが最もお金を使っているもの上位3つを書きましょう。たとえば，
ファッション，サークル，小説を買うお金，資格を取るために通っている専
門学校の学費，貯金，など。

　もし家賃が上位3つに入るなら，何のためにあなたは自分で家賃を払う生
活を選んでいるのかも合わせて書きましょう。私たちは，家賃を払うことが
本当に価値が低ければ，親と一緒に住むとか，誰かと一緒に住んで家賃を折
半するなど，家賃を最小限にするものです。あなたが収入の多くを家賃に費
やしている最も重要な目的1つを一言で書き入れてください。家賃（自立の
ため），または家賃（大学の近くに住むため）など。

(5) 本音で大切なものの探し方

では，以上4つの質問に対するあなたの回答（合計12個あるはずです）を見てみましょう。繰り返し出てくる，似た内容の回答があるはずです。それら似た回答ごとに，カテゴリーを作ってください。たとえば，質問①への回答の1つが「洋服」で，質問④への回答の1つが「化粧品」である場合，あなたにとって洋服と化粧品が，「おしゃれ」というカテゴリーとしてまとめられるものであれば，「おしゃれ」というカテゴリーになります。もしくは，「外見の魅力を磨く」というネーミングのほうがぴったりかもしれません。

同様に，質問②に「友だちとLINEをすること」と答え，質問③に「友だちとのおしゃべり」と答えたのであれば，「友だち関係」または「友だちとのつながり」というようなカテゴリーができるでしょう。同様に，カテゴリー名として「就職」「恋愛」「新しいことを知ること」「お金」などがありうるでしょう。

あなたの回答を見てください。あなたにとって本音で大切なこと（高い価値観）がそこに書かれているはずです。回答のうちのどれが，あなたにとって特に大切なことでしょうか。探してみてください。

ここでのポイントを以下にまとめました。

> 私たちは，価値の高いことについて時間とお金を優先して使い，それに関するもので広い空間を占め，それをするときイキイキして元気になります。

私たちは自分の高い価値観において主体的

本章の最初にお伝えしたように，人はすべて，自分にとって価値の低いことについては熱意も能力も低く，意思が弱く長続きせず，主体性に乏しいものです。反対に，自分にとって本当に価値の高いこと（本音で大切で大好きなこと）には，熱意も能力も高く，意思が強くて一貫して努力を続け，主体

第13章「主体性」の巻 ● ● ● *171*

的に取り組んでいます。

あなたは高い価値を置くことがらについては，すでに主体的なのです。まずはそれを認識しましょう。そして，あなたにとって大切なことを人生の中心に置いて，それに邁進しましょう。

（1）一時的なハッピー感情の高揚　vs.　人生の生きがいと目的

ある心理学者たちが，宝くじで大金を手にした人々を追跡調査しました[*1]。するとその人たちの幸福感は，大金を手に入れた直後はアップしましたが，すぐ元に戻り，1年後には他の人たちと同じレベルになっていました。同じように，失恋，入試の合否，昇進の有無なども，それらの出来事からしばらく経てば，幸福感は元に戻ることが多くの研究によってわかっています。さらには，年収も容姿も幸福感には無関係であること，また，結婚，離婚，転職も，それらがあった直後は幸福度が上下しますが，しばらくすると，やはり元のレベルに戻ることがわかっています。

多くの人たちがハッピー感情の高揚を求めます。しかし，"何かを得たとき"に感じるハッピー感情は一時的なものですぐに終わりますし，ハッピーな高揚を求めるほど，その正反対の落ち込みにも襲われ，気分の上下に翻弄される情緒不安定な生き方になります。そのように生きるよりも，**意味，目的，生きがいを持って生きるほうが，価値ある人生だと感じられます**。人間は自分が生まれてきた目的，生きている目的を果たして，意味ある充実した人生を生きたいと，強く求めているからです。

ですから，一時的なハッピー感情の高揚や快楽を追求して，感情の浮き沈みに翻弄され，生きる意味を感じられない日々を生きるより，目的のために生きるほうが自分のためになります。実際のところ，**お金や名誉よりも，人間的成長や人を大切にすることのほうが，幸せや人生満足度に結びつく**ことが，多くの心理学研究によってわかっています[*2]。

あなた自身の価値観を追求し，人生に目的・生きがいをもつとき，価値あ

[*1]　Brickman, P., Coates, D., & Janoff-Bulman, R. (1978) Lottery winners and accident victims: Is happiness relative? *Journal of Personality and Social Psychology*, **36**, 917-927.

[*2]　古宮昇（2002）『しあわせの心理学』ナカニシヤ出版。

る人生になります。そのとき，あなたは主体的に生きているのです。

(2) 価値観は変化する

価値観は，人生の経験にしたがって変化します。

COLUMN

価値観を通して自己肯定感を上げるには[3]

　自分を大切に思える気持ちが，自己肯定感です。そして自己肯定感は，私たちの人生すべてに大きく影響しています。自己肯定感の高い人は，人間関係がうまくいくし，日々の活動にイキイキと積極的に取り組め，落ち込んでも早く立ち直ることができます。そして，自己肯定感は価値観と深いつながりがあります。というのは，**あなたが高い価値を置くことがらを通して人に貢献するとき，自己肯定感が高くなる**からです。

　では，あなたが高い価値を置くことがらで人の役に立つには，何をすればいいのでしょうか。まずはそのことがらを見つけましょう。そして，それを**感謝の気持ちで積極的にやりましょう**。たとえば，あなたの高い価値観のひとつが「料理」なら，料理を作ったり，料理を人に教えたり，料理法をインターネットで公開したりするなどをして，人に喜んでもらいましょう。あるいは，あなたの高い価値観が「マンガ」だったら，あなたがマンガから学んだことを人に教えてはどうでしょうか。または，マンガを描いて人に楽しんでもらうのもいいし，面白いマンガを人に勧めてあげることもできるでしょう。

　このように，あなたの好きなことをして誰かの役に立つとき，あなたは自分の価値を感じながら主体的に生きることができます。

---

[3]　古宮昇（2018）『自己肯定感がドーンと下がったとき読む本』すばる舎。

たとえば，ある女性は次のように最高価値が変遷しました。幼児期には親との関係が特に大切だったのが，成長するにつれて学校の友だち関係が大切になります。ついで恋愛が大切になり，就職すると仕事を大切にするキャリアウーマンになりました。やがて，結婚すると夫婦関係が大切になり，妊娠・出産とともに子育てが最高価値になりました。子どもが独立すると，仕事とボランティア活動による地域貢献に価値を見出すようになりました。

同様に，受験生の多くは，受験が近づくにつれて勉強が一時的に最高価値になり，試験が終わるとともに勉強の価値が下がります。また，大きな自然災害が起きると，それまで仕事や経済的成功に高い価値を置いていた人々が，人とのつながりや家族を大切にするように変化することもあります。

このように，価値観は変化するものですので，ときおりあなたの今の高い価値観を見直し，そのつど，それを大切にして生きていきましょう。それを続ければ，あなたは充実して意味ある人生を，主体的に生きていくことができます。

【主体性を培う3つのステップ】
① 自分にとって本音で好きで大切なものを，自分の行動を振り返って見つける。
② ①を生活の中心に置いて，大切にして生きる。
③ ①を通して人に喜んでもらう，人の役に立つ。

「主体性」を学んだ皆さんへ

あなたにとって本音で大切なこと，つまり，あなたの高い価値観を生活の中心に置いて，それに邁進して生きましょう。そのとき，あなたは人生に目的と意味を感じ，積極的になります。そして主体的に生きられるのです。

先輩からのエール

——福留大士さん
（株）チェンジ代表取締役社長

◆自分の人生を幸せに生きるためには主体性が不可欠◆

　皆さんは自分の人生について，考えたことがありますか。人生とは，生まれてから死ぬまでの「時間」を意味します。この時間の過ごし方ひとつで，幸せで充実した人生を送ることができるかどうかが決まります。

　時間というのは神様がわれわれ人間に与えてくれた，唯一平等な資源です。皆さんが最も尊敬する人と自分自身を比べたときに，持っている能力や知識や経験など，いろいろな差があると思いますが，時間だけは平等に与えられていて，1日24時間しかありません。昔と比べて医療技術の発達や衛生環境の改善などにより，人間の寿命は飛躍的に伸びています。だからこそ，時間が無限にあるような錯覚にとらわれ，時間を大切にしない人が増えているように思えます。

　時間を大切にするというのはどういうことか。それは，**他人の人生ではなく，自分の人生を生きるということ**だと思います。**他人が決めたこと，他人が指示したこと，他人がレールを敷いたことに自分の時間を使うのではなく，自分で考えて決めた時間の使い方をすることが，自分の人生を生きる**という意味です。

　「自分の人生を生きるためには，起業するのがベストですか？」という質問を受けますが，起業だけが選択肢ではありません。たとえば，大企業で働いていても，きちんと自分のことを自分で決めて，自分の時間をどこに投じることが自分と会社と関係者の幸せにつながるかを，考え抜いて行動している人はたくさんいます。一方，起業しても，結局はお客様の言うことに振り回される毎日を過ごすだけで，自分の考えや意思といったものが感じられない人もいます。要するに，**大事なのは主体性，つまり「自分で進んで物事に取り組んでいるか」**という日々の習慣なのです。

　人は人生を終えるとき，「本当はもっと，こういうことをやりたかった」と後

悔するそうです。やって失敗したことよりも，やらずに時間を過ごしてしまった ことに後悔をする。これが死を前にした人の偽らざる気持ちということです。ぜ ひ，若い頃から主体性を持って，自分がどんな人生を生きるのか，考えてみてほ しいと思います。

Question ①：大学生の頃，どんなときに主体性が必要だと感じましたか？

Answer——主体性を発揮しないといけないと感じたのは，物事が決まらない ときです。ゼミ合宿の日程が決まらない，文化祭の展示物が決まらない，夏休み の過ごし方が決まらないなど，学生生活のなかでも「物事が決まらない」ことが いっぱいあります。そんなときに，主体性を発揮して自分の考えを主張し，相手 の考えを引き出し，物事を決めて動かしていく，というのが好きでした。物事が 決まらないと前に進まないですからね。物事が決まらずに一番困るのは，自分も 含めて，その組織に属している人たちです。

　ぜひ，学生のときから，何か前に進まないなと感じることがあったら，自分の 主張や考えをどんどん発信して，他人を巻き込みながら物事を決めてください。 社会人になっても，主体的に考えて，主体的に動く力が鍛えられますが，その基 礎が学生時代にできていると良いのではないかと思います。

Question ②：社会人になってから主体性をどうやって伸ばしたのですか？

Answer——社会人として主体性を伸ばすうえで重要なのは，物怖じしないと いうことです。学生時代と異なり，多様な世代の多様なバックグラウンドを持っ ている人たちが集まって，ビジネスは成り立っています。そのときに，「自分は 若手だから，シニアな人たちの意見に従っておいたほうが良い」などと考えてし まうと，不本意な方針や計画を押し付けられ，自分の仕事が楽しくなくなる可能 性が高いです。多少，間違っていても，どんどん自分の考え，アイデアを発信す べきだと思います。

　なぜ，自ら発信すべきかというと，**自分の考えを周りに伝えることが，物事を 決めて動かすことにつながる**からです。たとえば，こんな経験はありませんか？ 何人かでランチに何を食べようかと考えているとき，「何食べようか？」「どうし ようかね」という会話ではまったく行き先が決まらない。一方，誰かが「ラーメ ン食べたいけど，どうかな？」と言ったことに対して，「今日は暑いから，冷や し中華はどう？」「いいね，そうしよう。あそこのお店，美味しいよ」というよ

うにスムーズに決まる感じです。

　このように，**学生の頃から，きちんと自分の意見や考えを主張する**ことが，主体性を伸ばすことにつながると思います。

Question ③：社会人として主体性の大事さを実感するのはどんなときですか？

Answer——主体性の大事さを感じるのは，意思決定できない大人たちを目にするときです。何かをやるということは，常にリスクがつきまといます。たとえば，どこかに移動するために乗り物に乗るということは，必ず事故などのリスクと隣り合わせなのです。リスクとリターンは裏返しなので，何らかのリスクを取らないと，リターンは得られません。アクセルを踏まずにブレーキだけ踏んでいても，車は前に進まないのと同じです。

　社会人になると，物事がなかなか決まらないという場面によく遭遇します。その原因は，みんながリスクを気にしすぎて，主体性を失ってしまっているからです。「自分はこうしたい」「自分はこう思う」というのを持たず，ただ何となく周りの雰囲気に合わせて，意見の相違や失敗のリスクを恐れているだけ。これでは物事が動くはずがありませんし，成功は遠のきます。

　これからは，皆さんのような若い人たちが，社会の未来を切り拓いていきます。自分の理想とする未来を作るのに最も重要なのは，主体的に考え，主体的に行動すること。主体性のある人は，何歳になっても生き生きと働いており，輝いています。ぜひ，皆さんも学生時代から主体性を発揮する習慣を確立して，充実した生活を送ってほしいと思います。

第14章
「社会人基礎力」確認ワークの巻
——12の能力要素をセルフチェックしてみよう！

　ここまでまなぶ君のケースをもとに，社会人基礎力12要素について学んできました。ネーミングから容易に想像できたものもあれば，はじめてその意味を理解した項目もあったのではないでしょうか。

　第14章では，これまで学んだ12の能力要素の切り口で自分自身を見つめるための，いわば自分を相対化する"ものさし"を，ワークシートというツールにして提供します[*1]。

　このワークシートを用いた一連のワークによって，今のあなたが12の能力要素をどれだけ発揮できているのかを自覚する（セルフアウェアネス）に加え，何が「できる」「向いている」という表層的なとらえ方だけではなく，どんな自分で**「ありたい」**かを，改めて自らに問いかけるような機会となれば嬉しく思います。

　それでは，以下の3つのステップで，ワークを進めていきましょう。

自分自身を見つめる

　まずは12の能力要素の切り口で，セルフアセスメント（自己評価）をしてみましょう。具体的には，あなたが所属するサークルやゼミ，アルバイト

---

　*1　このワークシートは，NPO法人 THOUSAND-PORTにて実施している，大学生や若手社会人向けのワークショップや研修で実際に使用しています。

先やインターンシップ先などの，コミュニティやチームを1つ選び，そのなかで自分がどれだけ12の能力要素を発揮できているかを，数値化（見える化）します。

ここではぜひ「できている」ことに目を向けて，「加点法」で評価してみてください。

(1) ワークの進め方
① 【シート1：社会人基礎力見える化チャート】へ記入する

まず，以下の図14-1のように，【シート1】冒頭の（1）に，あなたが実際に所属するコミュニティやチームの名称を記入してください。

次に，あなたが所属内でどれだけ12の能力要素を発揮できているかを，10段階で評価（0：まったく発揮できていない～10：とても発揮できている）し，レーダーチャートを完成させてください。

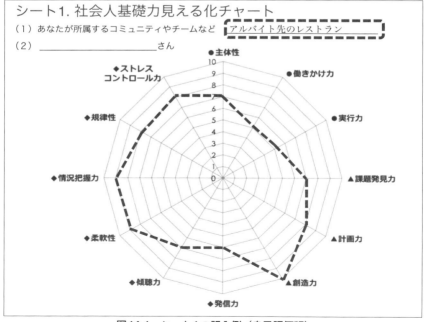

図14-1　シート1の記入例（自己評価版）

第 14 章「社会人基礎力」確認ワークの巻 ● ● ● *179*

② 【シート2：社会人基礎力　言語化チャート】へ記入する

次に以下の図14-2のように，【シート2】の「評価理由A」欄に，【シート1：社会人基礎力見える化チャート】で作成したレーダーチャートの，各能力要素の評価理由を記入してください。

なお，【シート1】【シート2】の用紙は本章末尾に掲載しています。適宜コピーしてお使いください。

③セルフリフレクションする

書き終えたワークシートをながめ，以下の項目について，5分ほど時間を取って考えてみてください。

・あなたの「強み」は何ですか？

・強みを発揮しているのは，どんなときですか？

・その強みを発揮しているとき，どのような状態・気持ち（感情）でしたか？

シート2. 社会人基礎力言語化チャート

能力	能力要素	評価理由A	評価理由B	ギャップの要因
前に踏み出す力	●主体性			
	●働きかけ力	例）周囲の人に否定されるのが怖いので、改善点を見つけたときなども「こうした方が良いよ」と言えない		
	●実行力			
考え抜く力	▲課題発見力			
	▲計画力	例）よくわからないことがあっても、自分なりに事前に段取りしてから実際の業務に取り掛かっている		
	▲創造力			
チームで働く力	◆発信力			
	◆傾聴力			
	◆柔軟性	例）他のメンバーの自分とは異なる意見も尊重している。また、他のメンバーからの指摘も素直に取り入れている		
	◆情況把握力			
	◆規律性			
	◆ストレスコントロール力			

図14-2　シート2の記入例①

(2) ワークから気づいてほしいこと

どうでしたか。意外と「できている」自分,「成長している」自分に気づいたのではないでしょうか。

普段の生活のなかでは, なかなか自分をポジティブに評価する機会はないかもしれません。むしろ,「できていないこと」に目が行きがちで, 必要以上に落ち込んだり, 自分を責めていることもあるかもしれません。しかし, 実際は自分が思っている以上に, きちんとできていることが多いものです。

また, 数値の高かった能力要素は, あなたの「強み」といえるでしょう。すでに自覚している強みもあれば, 無自覚だったけれど"ものさし"を当ててみることで自覚できたものも, あったかもしれません。そして, その「強み」を発揮しているときの状況や, そのときの自分の状態や気持ちを再び味わったことで, あらためて自信も湧いてきたのではないでしょうか。

「相手視点」で自分を見つめる

今度は,「あなたの周囲にいる方のものさし」を通して, つまり「相手視点」で, あなたを見つめてみましょう。具体的には, あなたの所属するサークルの先輩, ゼミの先生, アルバイト先の先輩や社員の方, インターンシップでのメンターなど, 実際に組織などでの人事考課を想定し,「あなたを評価する立場(に近い)」の人の視点で, あなたはどう見えるのかを, 擬似的に体験してみます。

(1) ワークの進め方
①再度,【シート1:社会人基礎力見える化チャート】へ記入します。

今度は, シート1の(2)に, 実際に「あなたを評価する立場(に近い)」の人の名前を記入してください。

次に, **その人の視点で**, あなたがどれだけ12の能力要素を発揮できているかを, 10段階で評価(0:まったく発揮できていない〜10:とても発揮できている)し, レーダーチャートを完成させてください(ステップ1とは

第14章「社会人基礎力」確認ワークの巻   *181*

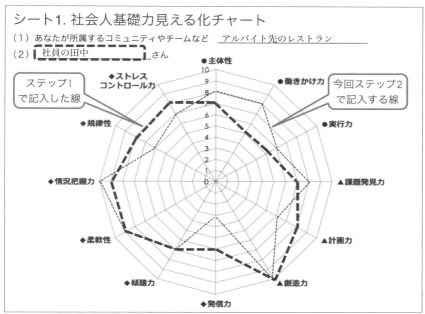

図14-3　シート1の記入例（相手視点版）

違う色を使うとよいでしょう）。図14-3は記入見本です。

②**再度，【シート2：社会人基礎力　言語化チャート】へ記入します。**

　続いて，「評価理由B」欄に，【シート1：社会人基礎力見える化チャート】で新たに作成したレーダーチャートが示す，各能力の評価理由の根拠となるような「あなたを評価する立場（に近い）」の人からの，「具体的な発言や声かけ」を思い出し記入してみましょう（発言や声かけが思い浮かばない場合は，表情や態度などでもかまいません）。

　次頁にある図14-4は記入見本です。

182

シート2. 社会人基礎力言語化チャート

能力	能力要素	評価理由A	評価理由B	ギャップの要因
前に踏み出す力	●主体性			
	●働きかけ力	例）周囲の人に否定されるのが怖いので、改善点を見つけたときなども「こうした方が良いよ」と言えない	例）「改善点を見つけると、いつも率先して動いているよね。それは実は他のメンバーも刺激受けているんだよ」	
	●実行力			
考え抜く力	▲課題発見力			
	▲計画力	例）よくわからないことがあっても、自分なりに事前に段取りしてから実際の業務に取り掛かっている	例）「わからないことがあったら聞いてくれないと、こっちもどこで躓いているのかわからないよ・・・」	
	▲創造力			
チームで働く力	◆発信力			
	◆傾聴力			
	◆柔軟性	例）他のメンバーの自分とは異なる意見も尊重している。また、他のメンバーからの指摘も素直に取り入れている	例）「この前、朝礼の場の空気が悪くなりそうだったとき、『その考えも良いと思う』と言ってくれてたよね」	
	◆情況把握力			
	◆規律性			
	◆ストレスコントロール力			

図14-4　シート2の記入例②

③セルフリフレクションする

　書き終えたワークシートをながめ，以下の項目について，5分ほど時間を取って考えてみてください。

> ・周囲の方があなたに「期待していること」は，どんなことでしょう？
> ・周囲の方の期待を理解するには，どうすればよいでしょう？

(2) ワークから気づいてほしいこと

　あなたがコミュニティやチームに所属しているとき，あなたがそのメンバーに対して期待を抱くのと同様に，そのメンバーもあなたに何らかの期待をしています。特にそれが「職場」であった場合，先輩や上司，そして経営者から，より高い期待をかけられることになります。その期待がプレッシャーになったり，自分の未熟さに直面するきっかけになる場合もあるでしょう。

　しかし，まったく期待されなかったとしたらどうでしょうか。途端に日々

の仕事は色あせ，やり甲斐もなくなってしまうかもしれません。**周囲の方からの適度な期待は，モチベーションの源泉でもある**のです。だからこそ，あなたにどのような期待をされているのかを理解しておくことは，とても大切なことです。

そのためには，日頃から周囲と良好な関係を心がけることはもちろん，日常の会話のなかでも折にふれて，自分が期待されていることについて，さりげなく聞いておくのもよいでしょう。

2つの"ものさし"が示す数値のギャップを考える

ステップ3では，【シート1】で見える化された「ギャップ」が生まれる要因，そしてギャップを埋めるために必要なことを考えます。

(1) ワークの進め方
①再度【シート2：社会人基礎力　言語化チャート】へ記入します。

最後に「ギャップの要因」欄に，【シート1】で見える化された，各能力要素の評価の「ギャップ」が生まれる要因を記入してください（例：同じく「計画力」なら，「時間の見積もりが甘く，想定した時間を超過することも多い」など）。次頁にある図14-5は記入見本です。

②セルフリフレクションする

書き終えたワークシートをながめ，以下の項目について，5分ほど時間を取って考えてみてください。

> ・なぜ，ギャップは生まれるのでしょうか？
> ・ギャップを埋めるために必要なことは何でしょうか？
> ・すべてのギャップは埋めたほうがよいのでしょうか？

シート2. 社会人基礎力言語化チャート

能力	能力要素	評価理由A	評価理由B	ギャップの要因
前に踏み出す力	●主体性			
	●働きかけ力	例）周囲の人に否定されるのが怖いので、改善点を見つけたときなども「こうした方が良いよ」と言えない	例）「改善点を見つけると、いつも率先して動いているよね。それを実は他のメンバーも刺激受けているんだよ」	例）周囲を巻き込んでいくには言葉で伝えることが上手じゃないといけないと思い込んでいた
	●実行力			
考え抜く力	▲課題発見力			
	▲計画力	例）よくわからないことがあっても、自分なりに事前に段取りしてから実際の業務に取り掛かっている	例）「わからないことがあったら聞いてくれないと、こっちもどこで躓いているのかわからないな・・・」	例）経験が乏しくてわからないことを、相談しないまま作業計画を立ててしまっていた（結果、大きな遅延が発生）
	▲創造力			
チームで働く力	◆発信力			
	◆傾聴力			
	◆柔軟性	例）他のメンバーの自分とは異なる意見も尊重している。また、他のメンバーからの指摘も素直に取り入れている	例）「この前、朝礼の場の空気が悪くなりそうだったとき、『その考えも良いと思う』と言ってくれてたよね」	例）（なし）
	◆情況把握力			
	◆規律性			
	◆ストレスコントロール力			

図14-5　シート2の記入例③

(2) ワークから気づいてほしいこと

　このギャップがすべての能力要素において「0」ということは，ありえないでしょう。そうです。ギャップはあって当然なのです。しかし，そのギャップがなぜ生まれるのかについては，自覚しておく必要があります。

　たとえば，周囲の方からの数値が低いギャップがあった場合は，自分が取り組んでいること，成し遂げたことなどを，相手が受け取りやすいかたちで伝える努力（会社ではこれらを「報告・連絡・相談」呼び，「報・連・相〈ほう・れん・そう〉」と言ったりもします）が，足りない可能性があるでしょう。「言わなくてもわかってもらっているはず」「見てくれているはず」と思うのではなく，どうやったら「不安を感じさせないか」「安心して任せてもらえるか」という，**相手視点で普段の自分を見つめ直してみる**ことをお勧めします。

　反対に，周囲の方からの数値が高い「ギャップ」があった場合は，少し自分に厳しすぎる（自分を過小評価しすぎている）のかもしれません。できて

第14章「社会人基礎力」確認ワークの巻 ●●● *185*

いることよりできていないことに目を向けがちで，必要以上に自己評価を下げるのは，日本人にありがちな傾向であるといわれています。実は，**自分自身より周囲の人のほうが，あなたのことをより適正に評価していることもありうる**のです。

ただ，これらギャップをすべて埋めたほうがよいのかというと，必ずしもそうとは限りません。チームの本質であり，価値の源泉は，「異質性」や「多様性」，つまり個性や違いを認めることから生まれる強み，だからです（柔軟性については第11章を参照してください）。また「期待に応える」ことと，「自分らしくある」ことは，トレードオフの関係ともいえます。皆さんを含めたチームの一人ひとりが，**チームの期待や方向性を意識しながらも，個々の違いを尊重し，それぞれが自分らしくあることで**，相互作用を発揮し，チームの人数の総和以上の価値を生み出すことが，可能となるのです。

未来の「ありたい自分」を描く

（アディショナルステップ）

最後にアディショナルとして，このワークシートを未来の「ありたい自分」と，そのために必要なアクションを考えることに活用する方法をご紹介します。

はじめに，5年後，10年後といった未来の「ありたい自分」を頭に描き出してみましょう。「現在の自分」にしばられる必要はありません。
そして，未来の「ありたい自分」が発揮している各能力要素を数値化し，今回作成した【シート1：社会人基礎力見える化チャート】に書き加えてみましょう（ステップ1，ステップ2で引いた線とは違う色がよいでしょう）。
そして，ステップ2と同様に，ステップ1で作成したレーダーチャートとの「ギャップ」を埋めるために，これからのあなたに必要な行動や学びについて考えてみるのです。

このような考え方は「バックキャスティング（＝逆算）」といいます。誰も見たことがない「人生100年時代」において，「現状の延長線上ではない未来の自分」を描き，実現するために，ぜひこの「逆算」の思考を活用して

みてください。

 ## 「社会人基礎力」確認ワークにチャレンジした皆さんへ

いかがだったでしょうか。セルフアセスメントで自分の能力要素を見える化することで自己理解が深まり，新たな気づきがあったのではないでしょうか。

しかし，ここでお伝えしておきたいのは，すべての能力要素を「10点満点」にすることが，本書の伝えたいメッセージではないということです。あくまで，このような能力要素が現代社会の要請であることを理解し，自分自身が今，どのような立ち位置にいるのかを把握し，そのうえで，**自分の強みや「あなたらしさ」に気づき，それらを最大限発揮する方法を考えるきっかけ**にしていただければと思っています。

そして，その「あなたらしさ」は，コミュニティやチームにいてこそ輝くものでもあるのです。社会人基礎力のなかで能力要素が最も多いのが「チームで働く力」なのは，現代社会を如実に映していると思います。

私たちの社会人人生より，企業の寿命のほうが短いこともありうるこれからの「人生100年時代」においては，勤め先を何度も変えるのがもはや当たり前になっていくでしょう。また，勤め先が変わらなくとも，業態の変化などに伴うチームの再編成が，繰り返されていくでしょう。そのような時代だからこそ，自分の強み・弱みを正しく認識し，そのうえで強みはより伸ばし，弱みの部分は自分自身の努力に加えて，コミュニティやチームのメンバーの力を借りながら（そのためには相手の強みを見つけ，尊重することが必要ですね！），幸福な職業人生を歩んでいかれることを祈っています。

シート1. 社会人基礎力見える化チャート

(1) あなたが所属するコミュニティやチームなど _____

(2) _____ さん

●主体性
▲課題発見力
●実行力
●働きかけ力
▲計画力
▲創造力
◆発信力
◆ストレス
コントロール力
◆規律性
◆情況把握力
◆柔軟性
◆傾聴力

10 9 8 7 6 5 4 3 2 1 0

シート2. 社会人基礎力言語化チャート

能力	能力要素	評価理由A	評価理由B	ギャップの要因
前に踏み出す力	●主体性			
	●働きかけ力			
	●実行力			
考え抜く力	▲課題発見力			
	▲計画力			
	▲創造力			
	◆発信力			
	◆傾聴力			
チームで働く力	◆柔軟性			
	◆情況把握力			
	◆規律性			
	◆ストレスコントロール力			

あとがき

　「社会人基礎力が大事，っていたるところで言われるし，大学でも年々講義は増えているのに，なかなか良い本がないよね」。大学教員の会合でそんな話題が出たことから，この本は生まれました。

　ちょうど講義を担当していた私の，「ないのなら作りたいんだけど……」という声を受けて，すぐに賛同してくれたのは，"社会人基礎力の高い"仲間たちでした。大学の研究教育で関わる友人たちが，解説やコラムを担当してくれることになりました。さまざまな業界で活躍するビジネスパーソンたちが，外部講師として講義した内容を，「先輩からのエール」として文章にまとめてくれました。そして「名前や所属は出せないけれど，自分の考えや経験が役に立つなら」と，忙しいなか原稿を見て，貴重なアイデアや意見をくれた方々もいらっしゃいます。そんな意欲的で個性あふれるメンバーの意向を，力強くも笑顔で汲み取ってくださった誠信書房の中澤美穂さんによって，社会人基礎力のエッセンスが一冊の本にまとまりました。ともすれば「社会人基礎力は実践がすべてで，書物で学ぶようなものではない」と言われるなか，「じゃあ，大学の講義テキストにもなる良質なレベルで，かつ実践のヒントもたくさん詰まった書物を作ろうじゃないの」という彼女の意気込みとストレス・コントロール力が，私たちを勇気づけてくれました。折に触れて著者間で「現状から見える課題は何か」を議論し，創造性をもって試行錯誤し，規律性を意識し，計画を確認し，発信につなげるべく行動し，時には柔軟な思考と傾聴力，そして状況把握力をもって，チームプレーで，実行につなげていきました。そう，まさにこの本は，関係者全員の，"シンキング""アクション"そして"チームワーク"，すなわち社会人基礎力の結晶といえるかもしれません。

　本の構想段階から完成にいたるまで，たくさんの方々にお世話になりました。特に貴重なご意見とお力添えをいただきました，東京大学教養教育高度化機構の井筒節准教授，東洋大学社会学部社会心理学科の桐生正幸教授，株式会社リクルートの二葉美智子さん，株式会社アジャイルHRの松丘啓司さん，そして慶應義塾大学総合政策学部の島津明人教授に，この場をお借りして心より感謝の気持ちを

申し上げます。

　冒頭の「まえがき」でも述べましたように，人類史上最もドラスティックな社会・環境の変化，技術の革新に直面している私たちは，これから先も数多くの課題に，組織，地域，国の枠を超えて，前向きに粘り強く取り組んでいく必要があります。皆さんがすでにお持ちの知識，能力，経験に加えて，さらなるスキルを磨くために本書が活用されるとしたら，著者一同，それに勝る喜びはありません。

　皆さんの知性と理性，ユーモアとバランス感覚，そして社会人基礎力があれば，可能性は無限大です。さぁ，皆で手に手を携え，希望を持てる未来を創っていきましょう。

　　令和元年夏の終わりに

島田恭子

編著者紹介

島田恭子　しまだ　きょうこ

執筆箇所　まえがき，第1章，第3章 第7章 あとがき

プロフィール　一般社団法人ココロバランス研究所代表理事・東洋大学現代社会総合研究所客員研究員。国際基督教大学卒業後、㈱アクセンチュア、㈱アーンスト＆ヤングで人材開発業務に従事。その後東京大学大学院医学系研究科にて公衆衛生学修士・保健学博士号取得。専門は予防精神医学、対人関係とコミュニケーション。大学では、精神保健学や心理学、キャリアに関する講義を行う。精神保健福祉士。

座右の銘・好きな言葉　「しあわせはいつもじぶんのこころがきめる」

若者へひとことメッセージ　皆さんそれぞれに得意なことがあります。生物の進化には多様性が必要であるように，私たちもそれぞれの持ち味を活かして，仲間と協力し，これからの複雑な課題に挑み，持続可能な未来を目指しましょう。一度きりの人生を，自分らしく楽しんでください。

著者紹介（執筆順）
[解説・COLUMN]

田中美和子　たなか　みわこ

執筆箇所　第2章，第5章

プロフィール　大学卒業後，商社勤務ののち，住宅メーカーのシステム子会社にインストラクター職として転職。全国の拠点を巡回し，延べ3,000名以上への研修を実施。現在は，管理職としてユーザー教育・サポート業務を行う。

座右の銘・好きな言葉　「メリハリ」「マインドセット」

若者へひとことメッセージ　働くことでしか得られない成長や達成感はたくさんあるので，社会人になることを楽しみにしてください。そして，よく働きよく遊ぶ社会人になってください。職場以外での経験や発見の積み重ねが，必ず仕事に良い影響をもたらします。

榊原圭子　さかきばら　けいこ

執筆箇所　第4章，第10章，第12章

プロフィール　慶応義塾大学法学部卒業後，大手都市銀行，ヘッドハンティング会社，外資系コミュニケーションコンサルティング会社などを経て，東京大学大学院医学系研究科に進学。博士（保健学）。日本女子大学現代女性キャリア研究所を経て，東洋大学社会学部社会福祉学科准教授。

座右の銘・好きな言葉　「意志のあるところに道がある」

若者へひとことメッセージ　気になること，興味のあることはそのままにせず，やってみる。それによって良い偶然が起こり，自分の将来につながることが，しばしばあります。

黒田 玲子　くろだ れいこ

執筆箇所　第6章，第8章，第11章

プロフィール　熊本生まれ福岡育ち。2005年産業医科大学卒業。人間観察や人が幸せに生きることのサポートに興味があり，産業医となって，一人ひとりの顔が見える中くらいの集団で，個人と組織の健康づくりのサポートをしている。製鐵会社を経て，2009年より東京大学環境安全本部に所属し，大学と一般企業で産業医活動を行っている。公衆衛生学修士，医学博士，労働衛生コンサルタント。

座右の銘・好きな言葉　人間（じんかん）万事塞翁が馬

若者へひとことメッセージ　楽しいことも辛いことも，すべての経験が将来の自分の糧になります。

古宮 昇　こみや のぼる

執筆箇所　第9章，第13章

プロフィール　米国の精神科病院，州立カウンセリングセンター等で心理士として勤務し，大学で教鞭を執る。現在，神戸にあるカウンセリング・ルーム輝（かがやき）にてカウンセリングをおこなっている。

好きな言葉　最高のことだけが起きうる。

若者へひとことメッセージ　学べばものすごく役に立つことが，世の中にはたくさんあります。あなたにとって大切なことがらを，ずっと学び続けてほしいです。

鈴木 篤司　すずき あつし

執筆箇所　第14章

プロフィール　多摩美術大学デザイン科中退後，外食企業，BPO企業を経て，2006年ソフトバンクテレコム（現ソフトバンク）入社。某通信会社との新会社設立プロジェクト等の業務をこなす傍ら，カウンセリング，コーチングを学び，ソフトバンクユニバーシティ講師としてネクストリーダー育成研修等を担当。また，在職中に教育／青少年育成事業をドメインとするNPO THOUSAND-PORTを設立し，代表に。主に高校生や大学生，若手社会人向けキャリア・デザインのためのPBL型ワークショップ設計やファシリテーションの実施，また，企業や行政機関での人材育成にも積極的に取り組む。

座右の銘　Be the change you want to see in the world（マハトマ・ガンディー）

若者へひとことメッセージ　「アタリマエ」を疑ってください。「問い」続けてください。

［先輩からのエール］

廣島瑞穂　ひろしま　みずほ

執筆箇所　第2章，第11章

プロフィール　東洋大学社会学部卒業後，人材業界で29年，現在美容医療業界へ転職。CDA（キャリアディベロップメントアドバイザー），キャリアコンサルタント（国家資格），メンタルヘルスマネジメントⅡ種，女性労働協会認定講師，古流千派師範（華道）の免許を持つ。

座右の銘　意志あるところに成果あり，人生に無駄なし，経験は個性

若者へひとことメッセージ　人生に勝ち負けはなく，無駄もなく，大事なことや困ったことがあっても突破できる力ややり直す力，つまり社会人基礎力があれば何とかなります。社会人基礎力×経験＝あなたの個性です。たくさん挑戦してみましょう。人生の主人公は自分（あなた）ですから。

福留大士　ふくどめ　ひろし

執筆箇所　第3章，第13章

プロフィール　中央大学法学部法律学科卒業後，アクセンチュアに入社。同社にて人や組織の変革を実現するサービスラインに所属後，株式会社チェンジを設立し，代表取締役に就任。政府官公庁，通信業，運輸業，小売業，製造業などに対して，働き方を変革し，生産性を高めるためのモビリティ・ビッグデータ・IoT・AI(人工知能)など新技術の適用を支援する「NEW-ITトランスフォーメーション事業」を立ち上げ，現在に至る。

座右の銘　決断と実行

若者へひとことメッセージ　激変する環境のなかで，ビジネスパーソンとして活躍し続けるために，社会人基礎力を鍛えることをお勧めします。人生100年時代，仕事の中身は変わるかもしれませんが，今身につけた基礎力はずっと使えます。

古市盛久　ふるいち　もりひさ

執筆箇所　第4章，第10章

プロフィール　2001年多摩大学経営情報学部卒業後，大手不動産企業を経て，「御用聞き」の前進となる会社を起ち上げる。ソーシャルビジネス（生活支援・地域支援）を営む。

座右の銘・好きな言葉　「直心」「玄達」「敬天愛人」

若者へひとことメッセージ　成功も失敗も「経験」です。ぜひ多くの経験を積んで素敵な社会人になってください！

嶺田有希　みねた　ゆき

執筆箇所　第5章，第6章

プロフィール　同志社大学大学院工学研究科修士課程修了後，日本アイ・ビー・エム株式会社に入社。システムエンジニアとして政府系金融機関におけるシステム開発およびプロジェクトマネジメントに従事した後，営業部門に異動し，政府系機関および官公庁担当営業としてさまざまな提案活動を実施。その後，海外赴任を経て，帰国後は営業管理職として引き続き官公庁向けビジネスを担当。

座右の銘　笑う門には福きたる

若者へひとことメッセージ　人生には時々，思いもよらないことが起きることがあります。自分の思いどおりに物事が進まないことも数多くあります。そんな時も，がっかり落胆する時間は努めて短く，ぜひ，その後の人生をより楽しむために時間を使ってください。その先には，意外と楽しい未来が待っています。

山田雄介　やまだ　ゆうすけ

執筆箇所　第7章，第8章

プロフィール　中学・高校時代を米国で過ごし，横浜国立大学で建築学を専攻。人の生活に強く関わる空間に興味を持ち，住宅メーカーにて住環境のプロデュース企画を手掛ける。働く環境への関心から（株）オカムラに入社。オフィス環境の営業を経て，現在は同社の主任研究員，国内外のワークトレンドのリサーチやオフィスコンセプトの開発，ウェブマガジン・ペーパーマガジンの企画，編集に携わる。WORKMILL編集長，一級建築士

座右の銘・好きな言葉　Do What You Love, Love What You Do.

若者へひとことメッセージ　これからの時代は，仕事≒会社ではありません。「会社」に精を出すのではなく「仕事」に精を出そう。そして会社という組織に縛られない，自分のライフスタイルを創ろう！

福田晴一　ふくだ　はるかず

執筆箇所　第9章，第12章

プロフィール　東京都の公立小学校教員として40年勤務，特別支援学校・アメリカ在外教育施設の管理職，杉並区の小学校長として11年勤務する。特定非営利活動法人「みんなのコード」主任講師，東京都特別支援教室巡回相談心理士，戸田市コミュニティースクール・アドバイザー

座右の銘・好きな言葉　「過去と他人は変えられないが，未来と自分は変えられる」

若者へひとことメッセージ　多様性ある仲間と多様な経験をしてください。

わかる社会人基礎力
──人生100年時代を生き抜く力

| 2019年11月10日 | 第1刷発行 |
| 2024年 6 月15日 | 第5刷発行 |

編 著 者	島 田 恭 子
発 行 者	柴 田 敏 樹
印 刷 者	田 中 雅 博

発 行 所　株式会社　誠 信 書 房
〒112-0012　東京都文京区大塚 3-20-6
電話 03 (3946) 5666
https://www.seishinshobo.co.jp/

組版・イラスト：生田麻実　　　落丁・乱丁本はお取り替えいたします
印刷／製本：創栄図書印刷　　　ISBN978-4-414-30016-1 C0011
©Kyoko Shimada, 2019 Printed in Japan

JCOPY 〈(社)出版者著作権管理機構 委託出版物〉
本書の無断複写は著作権法上での例外を除き禁じられています。複写される場合は、そのつ
ど事前に、(社)出版者著作権管理機構（電話 03-5244-5088、FAX 03-5244-5089、e-mail：info@
jcopy.or.jp）の許諾を得てください。

職場のポジティブメンタルヘルス
現場で活かせる最新理論

島津明人 編著

従業員のメンタルヘルス対策に役立つ最新理論の活かし方を第一線の研究者が実践例とともに紹介。すぐに使えるちょっとした工夫が満載。

主要目次
第Ⅰ部　職場のポジティブメンタルヘルスの考え方
　・健康の増進と生産性の向上は両立する！
　・"ワーカホリック"な働き方に要注意！/他
第Ⅱ部　組織マネジメントへの活用
　・チームのエンゲイジメントを観察して、チームの生産性を上げる
　・職場の人間関係のポイント/他
第Ⅲ部　セルフマネジメントへの活用
　・ポジティブ心理学の力
　・レジリエンス/他
第Ⅳ部　生活のマネジメントへの活用
　・よく働きよく遊べ！
　・パートナーの理解や助けは、仕事からのリカバリーに効く！/他

A5判並製　定価(本体1800円+税)

職場のポジティブメンタルヘルス2
科学的根拠に基づくマネジメントの実践

島津明人 編著

従業員のメンタルヘルス対策に役立つ最新理論を、第一線の研究者がわかりやすく紹介した好評書籍の第2弾。職場で簡単に使える工夫が満載。

主要目次
第Ⅰ部　セルフマネジメントへの活用
　・今、目標がありますか？
　・「ポジティブ」の流れにどうしても乗れないあなたに
　・仕事は成し遂げられると「信じる」ことが大切/他
第Ⅱ部　組織マネジメントへの活用
　・多様化する職場の組織力を高める
　・倫理風土と仕事の有意味感の関連性
　・ジョブ・クラフティングをうながす「しなやか」マインド・セット/他
第Ⅲ部　生活のマネジメントへの活用
　・仕事とのほどよい距離感
　・仕事とプライベートとのポジティブな関係

A5判並製　定価(本体1800円+税)

職場のポジティブメンタルヘルス3
働き方改革に活かす17のヒント

島津明人 編著

パンデミック下で、リモートワークや時短勤務、ウェブ会議に代表されるＩＴ化や労働時間の柔軟化など、働き方改革の推奨事項が急速に導入されている中、心身の健康へのマネジメントについて、科学的根拠を有する実践・応用例を用いて示す。

主要目次
第Ⅰ部　組織マネジメントの支援
　1　他者への貢献感がやる気を引き出す
　2　「人のため」は元気の源
　　　──プロソーシャル・モチベーションを活用したリーダーシップとは /他
第Ⅱ部　セルフマネジメントの支援
　8　気分は「伝染」する？
　　　──個人の感情が職場にもたらす影響/他
第Ⅲ部　実践！休み方改革
　13　休み方を考える
　　　──リカバリーを通じたワーク・エンゲイジメントの促進
　14　いきいきと働くための睡眠のとり方/他

A5判並製　定価(本体1900円+税)

職場のポジティブメンタルヘルス4
ウィズ/ポストコロナでいきいき働く工夫

島津明人 編著

コロナ禍で大きく変わった働き方は、組織のあり方やマネジメント、経済活動、人間関係、家族関係、生活空間の変化なども伴って、労働者のウェルビーイングへも影響を及ぼしている。そのなかで健康でいきいきと働くために役立つヒントを、科学的根拠を有する実践・応用例を用いて示す。

主要目次
第Ⅰ部　ウィズ／ポストコロナの働き方
　1　ワーク・エンゲイジメントを高める三つのポイント/他
第Ⅱ部　テレワーク／リモートワーク
　3　ポストコロナ時代の働き方とテレワーク
　　　──職場内の対話の重要性/他
第Ⅲ部　セルフケア
　8　セルフマネジメントの力/他
第Ⅳ部　組織開発
　12　自律的な働き方に向けた変革"i-deals"/他

A5判並製　定価(本体2200円+税)

キャリア形成に活かす心理学

小口孝司 監修
内藤 淳 著

人生をキャリアと捉え、学生や社会人が人生の岐路に立ったとき、自らの進む道を選び取るための指針を学べるキャリア教育のテキスト。

目次
第Ⅰ部　キャリアと心理学
第1章　キャリアとは何か
第2章　心理学をキャリア形成に活かす
　　　　：心理学はどのようにキャリアに活きるのか
第Ⅱ部　キャリアに関する理論
第3章　キャリアに関するさまざまな理論
第Ⅲ部　キャリアにおける発達の課題
第4章　ライフサイクルと発達課題 /他
第Ⅳ部　初期キャリアを考えるための前提の理解
第6章　自己理解 /他
第Ⅴ部　働くうえで求められる能力
第9章　企業人能力を構成する要素 /他
第Ⅵ部　持続的なキャリア形成に向けて
第12章　職業性ストレスとメンタルヘルス
第13章　ワーク・ライフ・バランス

A5判並製　定価(本体2200円+税)

影響力の武器［新版］
人を動かす七つの原理

ロバート・B・チャルディーニ 著
社会行動研究会 監訳

人を動かす6つの原理を導き出した、社会心理学の不朽の名著が満を持して登場！人を、社会を、世界を動かす影響力の原理とは。

目次
第1章　影響力の武器
　　　　──説得の(強力な)七つ道具
第2章　返報性
　　　　──昔からある「ギブ・アンド・テイク」だが……
第3章　好　意──優しそうな顔をした泥棒
　　　　好意から利益を生む
第4章　社会的証明──真実は私たちに
第5章　権　威──導かれる服従
第6章　希少性──わずかなものについての法則
第7章　コミットメントと一貫性
　　　　──心に棲む小鬼
第8章　一体性──「私たち」とは共有された「私」のこと
第9章　手っとり早い影響力──自動化された時代の原始的な承諾

四六判上製　定価(本体2900円+税)